LA CASUISTIQUE
DÉCLARANT EN DOUANE

Dépôt légal : 2016
Bibliothèque et Archives nationales du Québec
Bibliothèque et Archives Canada
© Éditions de l'Érablière
C.P. 8886, succ. Centre-ville
Québec, Canada (H3C 3P8)
Droits de traduction et de reproduction réservés pour tous les pays.
Toute reproduction, même partielle, de cet ouvrage est interdite
ISBN 9782981497772

GUY OMER DÉLOS MANKENDA N'LANDU

LA CASUISTIQUE DU DÉCLARANT EN DOUANE

PROJET DE REFORME DE LA PROFESSION DE DÉCLARANT EN DOUANE EN RÉPUBLIQUE DÉMOCRATIQUE DU CONGO

Éditions de l'Érablière

ABRÉVIATIONS

A.C.A.D   Association congolaise des Agences en Douanes

AV   Attestation de vérification

BEP   Le brevet d'études professionnelles

BTS   Brevets de technicien supérieur

CAP   Certificat d'aptitude professionnelle

C.A.P/DD   Certificat d'Aptitude à la Profession des Déclarants en Douane

CEMAC   Communauté Économique et Monétaire de l'Afrique Centrale

CNUCED   Conférence des Nations unies sur le Commerce et le Développement

COMESA   (Common Market for Eastern and Southern Africa) : Marché commun de l'Afrique de l'Est et de l'Afrique australe.

D.G.D.A   Direction générale des Douanes et Accises

DUT   Diplôme universitaire de technologie

FAO	Frais Administratif Opérationnel
FERI	Fiche électronique de Renseignements à l'Importation. (Document obligatoire pour toutes les expéditions vers la République Démocratique du Congo).
GATT	General Agreement on Tariffs and Trade
GLT	Gestion Logistique et Transport
I.S.I.P.A.	Institut Supérieur d'Informatique, Programmation et Analyse
ISLT	Institut Supérieur logistique et transports
NTIC	Nouvelle Technologie de l'Information et de la Communication
S.C.T.P	Société Commerciale des Transports et des Ports
QLIO	Qualité logistique industrielle et organisation
RB	Registre Bleu de Déclarants en douane
SYDONIA	Système informatique douanier (SYDONIA World logiciel permettant d'améliorer le traitement des données douanières et de maximiser les recettes publiques via un système de guichet unique).

TVA	Taxe sur Valeur Ajouté
O.D	Ordre à Déclarer
O.C.C	Office Congolais de Contrôle
OGEFREM	Office de Gestion du Fret Multimodal
OHADA	Organisation pour l'Harmonisation du Droit des affaires en Afrique
OMC	Organisation Mondiale du Commerce
O.M.D	Organisation Mondiale de Douanes
O.N.D.D	Ordre National des Déclarants en Douane
UDEAC Centrale	Union Douanière et Économique de l'Afrique
U.DE.DO	Union de Déclarants en Douane
U.DE.DO-INFO	Bulletin d'Information de l'Union de Déclarants en Douane

DÉDICACE

Je dédie cet ouvrage à :

Ma mère Thérèse Denise Nsenga Lusikila
Mon fils Swiss Mankenda N'Landu
La famille Mankenda Ntamba
La famille Makanzu
La famille Kindunga
La famille Patty Mavungu et
La Grande Famille de Boko Disu
Que cette œuvre vous procure un sentiment de fierté.

REMERCIEMENTS

Mes obligeances particulières à Monsieur Magloire Mpembi, qui grâce à sa modeste participation, la Casuistique de Déclarant en douane a vu le jour.

Je remercie Monsieur Julien Ntula Kalonda Président de l'Union de Déclarants en Douane (U.DE.DO/ A.S.B.L) pour ses sages conseils et l'intérêt porté à l'élaboration de cet ouvrage et l'Assistant Claude Mafwala de l'I.S.I.P.A/MATADI qui m'a assisté techniquement du débit à la fin de l'élaboration cette éthique de Déclarants en Douane.

Mes remerciements vont également à Maitre Munga Fataki Makano, Honoré Loango Boelua et à tous les Déclarant en douane qui de loin ou de près ont participé à la réalisation de cet ouvrage, qu'ils trouvent à travers ces écrits, notre profonde gratitude.

PRÉFACE

C'est avec plein d'estime que nous présentons l'ouvrage écrit par notre Collègue Guy Omer Délos MANKENDA N'LANDU qui à chaque fois brûle son énergie pour l'avancement de notre profession. Car nous sommes sans ignorer sur son implication dans le Bulletin d'Information de l'Union de Déclarants en Douane « U.DE.DO INFO » par plusieurs articles à son actif et son engagement tous azimuts en tant que membre du Comité Directeur.

En ce jour, l'auteur a pu démontrer de nouveau sa passion pour le métier de Déclarant en Douane en imprégnant dans les exigences que la modernité propose en faveur d'un progrès évident des auxiliaires de douane.

Jusqu'à maintenant, le sujet concernant la profession de Déclarant en Douane, est celui qui n'a pas assez d'écrits. Dans la présente étude, l'auteur a revalorisé le métier de Déclarant en douane, en exposant les maux qui rongent ce dernier.

Au terme de cet ouvrage, l'auteur non seulement fait découvrir au lecteur le caractère complexe du métier de Déclarant en douane, mais également de bien maitriser l'éthique au sein de la synergie de Déclarants en Douane.

Cet important ouvrage se situe donc à la croisée des intérêts de tous les auxiliaires de douane, et plus précisément des novices, jeunes étudiants en Gestion Douanière, Déclaration douanière et des opérateurs économiques.

Ce manuel revêt d'une importance cruciale parce qu'il

permet aux lecteurs de bénéficier des connaissances appropriées, relatives à l'évolution de notre métier. Car pendant ce siècle de vitesse la science évolue à grand échelle et les décisions nouvelles apparaissent mutatis mutandis. D'où une remise à niveau s'avère donc indispensable. En plus, ce manuel permettra aux Déclarants en Douane d'être à jour sur la réforme de notre profession, et trouver les mécanismes de son application. Les innovations de la douane ne peuvent en aucun cas échapper aux opérateurs économiques.

Nous tenons à féliciter et encourager Monsieur Guy Mankenda de continuer à évoluer dans cette attitude de contribuer intellectuellement pour sécuriser notre profession de Déclarants en Douane. La nature lui sera très reconnaissante.

Julien Ntula Kalonda
Président de l'Union de Déclarants en Douane
« U.DE.DO/A.S.B.L

AVANT PROPOS

L'esprit patriotique qui nous anime, nous a permis de publier cet ouvrage dans le cadre d'assainir la profession de Déclarant en Douane en République Démocratique du Congo en particulier et dans le monde en général.

Les expériences déjà acquises dans la profession a fait qu'on puisse fournir aucun effort pour mettre à la portée du public cette œuvre. Dans cette randonnée scientifique, nous n'avons pas été seuls, nous nous sommes inspirés des Ordres des Avocats et des Médecins. Étant donné qu'il n'y a rien de neuf sous le soleil, nous nous sommes aussi référés de certains écrits, qui nous ont aidés à mettre sur pieds « **LA CASUISTIQUE DE DÉCLARANT EN DOUANE** » qui servira de socle aux Techniciennes et Techniciens de transits dans le domaine du Commerce Extérieur.

Bien que les Agents en Douane exercent les lourdes tâches d'accomplir les formalités de dédouanement de marchandises, de planifier les activités de gestion, de recueillir et transmettre l'information, de rédiger les rapports et comptes rendus ayant trait au Commerce International. Ils jouent également le rôle des conseillers du gouvernement en matière de statistiques, de stimulation des investisseurs et de lutte contre les pratiques frauduleuses. Mais sans cette réforme sollicitée pour rendre plus crédible la profession de Déclarant en Douane, cette mission paraîtra difficile sinon impossible, quand sa réalisation, aussi longtemps que c'est le Déclarant en douane qui connait mieux la marchandise. Il a la possibilité d'occasionner ou d'éviter ces genres des pratiques.

Aux Commissionnaires en douane, cette profession est vouée à la disparition suite à la légèreté et négligence observées de la part des usagers de la douane permettant et acceptant les Agents sans profil d'œuvrer dans ce métier noble et prestigieux. Il est temps que nous puissions nous organiser afin de nous mettre au même rang que les Déclarants en douane des pays qui se sont adhérés dans l'Organisation Mondiale de Douanes « O.M.D. ».

Ce projet de réforme est la feuille de route qui servira les usagers de la douane après l'approbation des instances supérieures.

INTRODUCTION

Le Déclarant en Douane est une personne physique agréée par l'Administration de douane qui est la seule autorisée à faire et à signer la déclaration des marchandises pour le compte du commissionnaire en douane qui l'emploie.

Au prorata de la réunion mixte de synergie de Déclarants en Douane et le patronat des Agences en douane représentés par les membres des Comités Directeurs des corporations ci-après : L'U.DE.DO (Union de Déclarants en Douane) et l'A.C.A.D (Association Congolaise des Agences en douanes), tenue le 31 août 2013 au siège de l'A.C.A.D dans le bâtiment AMI CONGO, en ville basse, dans la Commune de Matadi, plus précisément à l'entrée du port international de Matadi, nous sommes arrivés à la conclusion d'harmoniser et de reformer la profession de Déclarant en Douane en République Démocratique du Congo. Il a été recommandé à celui qui pourrait être inspiré de reproduire ses idées dans un manuel qui servirait de soubassement.

Cette profession noble, que nous aurons à découvrir tout au long du développement, est très importante dans la mesure où elle est régie par une règlementation douanière. Dans d'autres cieux, au Maghreb par exemple, cette profession est très réglementée ; elle est exercée par ceux qui ont au moins le titre de gradué en Sciences Commerciales et Financières, en droit des affaires et fiscal et suivi une formation douanière ou dans le domaine du commerce international. Les Déclarants sont très considérés non pas seulement pour qu'ils détiennent le secret des transactions internationales des marchandises de divers clients mais parce qu'ils sont capables d'attirer ou d'empêcher les investissements au pays. Ne dit-on pas que le premier Déclarant, c'est l'opérateur économique lui-même, et que son premier vérificateur, c'est le Déclarant en Douane. Comme l'avocat qui est le premier juge de son client.

Premier collaborateur du gouvernement, dans autres pays, tel que les États Unis, le Maroc, la Tunisie, l'Afrique du Sud, la Belgique, la Chine, le Kenya, l'Angola, la France par exemple, le Déclarant en douane est classé au rang de l'Agent de maitrise ou de cadre. Ce qui n'est pas le cas en République Démocratique du Congo où il n'est pas considéré. Ce dérèglement est dû à la prostitution du métier de Déclarant où n'importe qui peut s'improviser pour le faire. Ce désordre arrive suite au manque des textes légaux qui peuvent régir cette profession. Nous devons sauver cette profession qui est très cruciale de par le rôle d'intermédiaire qu'elle joue entre la douane et l'opérateur économique.

Certains novices sont floués par les importateurs malicieux, cherchant à déclarer moins leurs marchandises pour tirer plus des bénéfices sous la bénédiction des certains hommes en uniforme, des autorités de l'État, voir les Agents des douanes. Ces néophytes sont favorisés par les Commissionnaires en douane (personne morale) dépourvus des clients qui leurs font louer les numéros d'agrément. C'est ce qui justifie la présence de plusieurs dossiers en situation contentieuse et détournements d'envois sous douane.

Ors le premier rôle du Déclarant en Douane s'il est considéré par son État, est de renseigner les clients (importateurs et exportateurs) sur le classement tarifaire

des marchandises, sur l'application et l'interprétation de la législation douanière, ainsi que des lois et ordonnances autres que douanières pour contribuer à la politique de maximisation des recettes du trésor public.

Afin de lutter contre ces fléaux, nous avons pensé mettre sur pieds un code d'éthique et déontologie permettant aux animateurs de la synergie de commissionnaire en douane de réorganiser la profession de Déclarants en Douane et de la rendre plus crédible, afin d'éviter l'accès facile dans ce métier.

Un métier qui mérite beaucoup de respect et considération, car il n'est pas donné à n'importe qui de gérer des millions d'argent d'autrui.

La réforme qui peut se définir comme étant un changement dans le but d'apporter des améliorations très significatives pour l'avenir de cette profession, pouvait aider le gouvernement à faire appel aux investisseurs. Ne dit-on pas que les impôts douaniers est une nécessité fiscale, mais les échanges du Commerce Extérieur est un puissant facteur de développement. Cette amélioration que nous appelons de tout vœu, est assise sur les principes internationaux.

Nous ne pensons pas présenter un extra travail, néanmoins, nous avons voulu mettre à la disposition des Agents en Douane cet ouvrage pour qu'ils prennent conscience.

Ainsi, en plus de l'introduction et la conclusion, subdivisée en quatre parties, la présente casuistique, propose des innovations d'encadrement et d'organisation dans la réforme de ladite profession ; la mise en place d'un Ordre National qui traitera les problèmes liés à la profession de technicien de transit, d'un projet loi de code d'éthique et déontologie et ainsi que le projet loi fixant les conditions et modalités d'exercer la profession de Déclarant en Douane en République Démocratique du Congo.

PREMIÈRE PARTIE : LA REFORME DE LA PROFESSION DE DÉCLARANT EN DOUANE

CHAPITRE I. DÉFINITIONS ET DESCRIPTION DE LA PROFESSION DE DÉCLARANT EN DOUANE

Pour éclaircir nos électeurs, nous croyons qu'il est important de commencer par définir et décortiquer le mot **casuistique** que nous avons utilisé comme l'intitulé principale de cet ouvrage, et ensuite nous pourrons entrer dans le bain de la profession de Déclarant en douane.

SECTION 1. LA CASUISTIQUE

Le mot « casuistique » vient du latin casus : événement fortuit, imprévu ou « cas » particulier. En langage de droit, casus signifie fait concret, réel ou supposé. La casuistique est donc l'art d'appliquer les lois générales d'une discipline à un fait, réel ou supposé. On la rencontre dans l'enseignement du droit, de la médecine, de la psychologie, des sciences économiques. En théologie morale, elle est une méthode d'enseignement, mais aussi de recherche, l'étude des faits particuliers aboutissant à dégager les lois générales de l'action. Enfin, la casuistique établit, à partir de l'analyse d'une action concrète ou de certains cas types, les normes que l'agir humain devra suivre dans des situations semblables[1].

---

[1] Louis-Gustave VEREECKE « CASUISTIQUE »,
EncyclopaediaUniversalis (en ligne), consulté le 17 septembre2015.

Elle se définit comme une méthode permettant de résoudre les cas de conscience en appliquant des principes moraux ou des lois à des cas concrets. Bien que l'étude des cas soit une méthode utilisée dans l'enseignement du droit et de la gestion des affaires, le terme de casuistique est généralement réservé aux domaines de l'éthique et de la théologie morale[2].

Appliquée à l'éthique, la casuistique se préoccupe des devoirs de l'homme et du citoyen dans sa vie en société. Les conclusions morales doivent être immuables parce qu'elles sont la déduction de vérités révélées, mais leur application pratique peut varier selon les circonstances[3].

Ayant la connaissance sur la casuistique, nous croyons que l'utilisation de ce mot dans notre ouvrage est justifiable. Sachant que nous avons voulu que les Déclarants en douane utilisent un ouvrage qui porte un nom qui n'est pas utilisé ailleurs. Comme l'Éthique des avocats, la Déontologie des médecins etc. Les Déclarants en douane ont maintenant un livre sacré au nom de la CASUISTIQUE DE DÉCLARANT EN DOUANE.

SECTION 2. DÉFINITIONS DE LA PROFESSION DE DÉCLARANT EN DOUANE

Le Code des douanes congolais détermine brièvement que le Déclarant est la personne qui fait la déclaration des

---

URL. http//www.universalis.fr/encyclopedie/casuistique/
[2]" Casuistique. » Microsoft® Encarta® 2009 [DVD]. Microsoft Corporation, 2008.
[3]https://fr.wikipedia.org/wiki/Casuistique

24

marchandises[4].

Tandis que le site internet studyrama définit le Déclarant en douane comme étant une personne qui établit les documents administratifs qui permettent d'importer ou d'exporter des marchandises[5].

Le site cv.com lui indique que l'Agent Déclarant en douane effectue des opérations administratives d'enregistrement, d'élaboration de documents douaniers. Selon les postes, assure ou supervise les liaisons techniques et administratives relatives à la circulation internationales des marchandises. Il donne à ce métier deux différentes appellations[6] :

A. Appellations principales :

- Commissionnaire en douane
- Transitaire

B. Appellation spécifiques :

- Déclarant/Déclarante en douane
- Agent en douane
- Chef de groupe transit
- Chef de service transit
- Commis en douane

---

[4] Ordonnance – loi N° 10/002 du 20 Août 2010 portant Code des douanes, article 5 point 8
[5] www.studyrama.com/formation/fiches-métiers/transport-logistique/declarant-douane-1144
[6] www.cv.com/fiches-metier/logistique-rome-43331/AGENT-DECLARANT-DOUANE.html

- Consignateur en douane
- Technicien/Technicienne de transit.

Après avoir exploité toutes ces trois définitions, nous souhaitons donner à une explication purement technique. Le Déclarant ou la Déclarante en Douane est la personne physique agréée qui accomplit, pour le compte d'un client et sous sa propre responsabilité, toutes les tâches administratives et les formalités douanières que nécessitent l'importation ou l'exportation de marchandises. Ils établissent des déclarations conformément à la législation et aux tarifs en vigueur en rapport avec le trafic routier, ferroviaire, maritime, fluvial et aérien.

SECTION 3. DESCRIPTION DE LA PROFESSION DE DÉCLARANT EN DOUANE

Le Déclarant en Douane exerce généralement ses fonctions dans les cabinets de transit ou dans les entreprises effectuant les opérations d'importation et d'exportation. Il est amené à maitriser les procédures d'import-export, à instruire les dossiers, de consigner les constats dans des rapports et avis, et de maitriser les procédures d'expédition et de réception de marchandises. Garant du transport international de marchandises, sa mission est d'établir les documents administratifs qui permettent d'exporter ou d'importer des marchandises. Il veille à ce que tout soit en règle. Aucune erreur n'est permise, car il sait que la moindre erreur peut se solder par de lourdes pénalités. Ce prestataire de service, qui travaille auprès des maisons d'expédition, ne doit pas être confondu avec les spécialistes en douane, fonctionnaires de la Direction Générale des Douanes, qui enregistrent et contrôlent ces déclarations, en même temps qu'ils perçoivent les droits et les taxes exigibles. D'une manière générale, il exerce les tâches suivantes :

- Accomplir les formalités de dédouanement de marchandises ;
- Planifier les activités de gestion ;
- Recueillir et transmettre l'information ;
- Rédiger les rapports et comptes rendu.

Ses principales activités consistent à la préparation des déclarations de douane et l'établissement des documents officiels :

3.1. LA PRÉPARATION DES DÉCLARATIONS DOUANIÈRES :

- connaître les dispositions légales, douanières ou autres, en relation notamment avec la variété des produits importés ou exportés : alcool, explosifs, denrées alimentaires, sérums et vaccins, métaux précieux, végétaux, etc. ;
- contrôler les documents en leur possession, selon la réglementation en vigueur ;
- prendre contact avec leur client afin de limiter au maximum les risques de déclarations erronées, l'administration pouvant ouvrir un contentieux douanier qui peut entraîner, suivant le degré d'erreur, des pénalités ad hoc ;
- renseigner le client sur le classement tarifaire des marchandises et sur l'application et l'interprétation de la législation douanière, ainsi que des lois et ordonnances

autres que douanières ;

- effectuer un contrôle des marchandises à l'entrepôt lorsque la douane le demande ;

3.2. L'ÉTABLISSEMENT DES DOCUMENTS OFFICIELS

- Établir des déclarations en douane en identifiant la marchandise et remplir des formulaires d'importation, d'exportation, de dédouanement, etc. ;
- préparer des attestations particulières pour les matières dangereuses, le matériel de guerre, les œuvres d'art, etc. et joindre des documents tels que certificats sanitaires, déclaration d'importation ;
- communiqué à la douane les renseignements concernant le mode de vente entre le vendeur et l'acheteur, l'origine des marchandises (nombre, poids, destination, moyen de transport, etc.) ;
- appliquer les tarifs prévus, droits et taxes, en fonction de la matière, des dimensions, de ses particularités, etc. ;
- calculer les prix et facturer.

En outre, le Déclarant en Douane devra disposer de connaissances assez développées dans les domaines de la réglementation douanière et tarifaire, de la réglementation en matière d'activité commerciale, et les principes de base de la communication technique et commerciale.

3.3. HONORAIRES ET COMPTABILITÉ DU DÉCLARANT EN DOUANE :

3.3.1. Honoraires

Avant toute prestation de service, le Déclarant en Douane doit d'abord percevoir auprès du Client qui lui présente les dossiers, les Frais d'ouverture dossier appelé FRAIS ADMINISTRATIF OPÉRATIONNEL « FAO » qui lui permet d'établir une PRÉ-TAXE qui conclura ou pas le marché avec son client.

En ce qui concerne les Honoraires, une convention d'honoraire, peut être établie en fonction d'une prestation spécifique :

- Formalité de souscription de licence d'importation ou d'exportation ;
- Souscription de l'Attestation de vérification « AV » ;
- Lettre d'instruction du laissez — suivre ou Bon à délivrer ;
- Établissement de la pré-taxe de dédouanement ;
- Dédouanement des marchandises à fixer selon les régimes de dédouanement ;
- Autre débours ;

Ou bien en fonction d'un tarif honoraire et d'une facturation des frais engagés par cette prestation :

- Frais de mission ;
- Fais de contentieux ;
- Frais de courrier ;
- Frais de téléphonie ;
- Frais de télécopie ;
- Frais d'Internet.

Ces genres de dépenses doivent être contrôlés par le client

et justifiés par le Déclarant en douane.

Les honoraires sont payés par les conditions prévues par la loi et les règlements, notamment en espèce, par chèque, par virement, par billet à l'ordre et par compte bancaire.

3.3.2. La Comptabilité

Le déclarant en douane détient à tout moment, par dossier, une comptabilité précise et distincte des honoraires et de toute somme qu'il a pu recevoir.

Avant tout règlement définitif ou tout service, le Déclarant en douane remet à son client un compte détaillé. Ce compte fait ressortir distinctement les frais tarifiés et les honoraires. Il porte mention des sommes précédemment reçues à titre de provision ou à tout autre titre.

3.4. ORGANIGRAMME DU CABINET DE DÉCLARANT EN DOUANE

L'organigramme permet de représenter des informations hiérarchiques ou les relations de rapport dans une organisation. Mais dans la plupart des Agences en douane ou cabinet des Déclarants en douane, il n'est pas pris en compte. C'est ce qui alimente des conflits entre les Déclarants évoluant dans un même cabinet.

Pour la bonne marche du cabinet, chaque Déclarant doit avoir son bureau ou sa table afin de lui permettre d'organiser son travail. Mais en ce qui concerne les frontières terrestres et aériennes, le Déclarant en Douane Principal sait comment organiser son cabinet suivant les réalités rencontrées sur le terrain.

Le Bureau peut être composé de (d') :

- ✓ Déclarant en douane principal ;
- ✓ Déclarant en douane Adjoint ;
- ✓ Aide-déclarant ou assistant chargé de suivi des dossiers à la douane ;
- ✓ Aide-déclarant chargé des Attestations particulières (Quarantaine, Consignation et FERI) ;
- ✓ Aide-déclarant chargé des instructions, transport et logistique ;
- ✓ Aide-déclarant chargé de dépotage, sortie et livraison ;
- ✓ Secrétaire.

```
                    ┌─────────────────┐
                    │  Déclarant en   │
                    │ Douane principal│
                    │  (L'Épervier 1) │
                    └─────────────────┘
┌──────────────────┐          │          ┌──────────────┐
│   Déclarant en   │          │          │              │
│  Douane Adjoint  │          │          │  Secrétariat │
│   Chargé des     │          │          │              │
│ matières technique          │          └──────────────┘
│ ou préparation des          │
│    dossiers.     │          │
│  (L'Épervier 2)  │          │
└──────────────────┘          │
```

Aide-déclarant ou assistant chargé de suivi des dossiers à la douane.	Aide-déclarant chargé des Attestations particulières. (Quarantaine, Consignation et FERI)	Aide-déclarant chargé des instructions, transport et logistique.	Aide-déclarant chargé de dépotage, sortie et livraison.

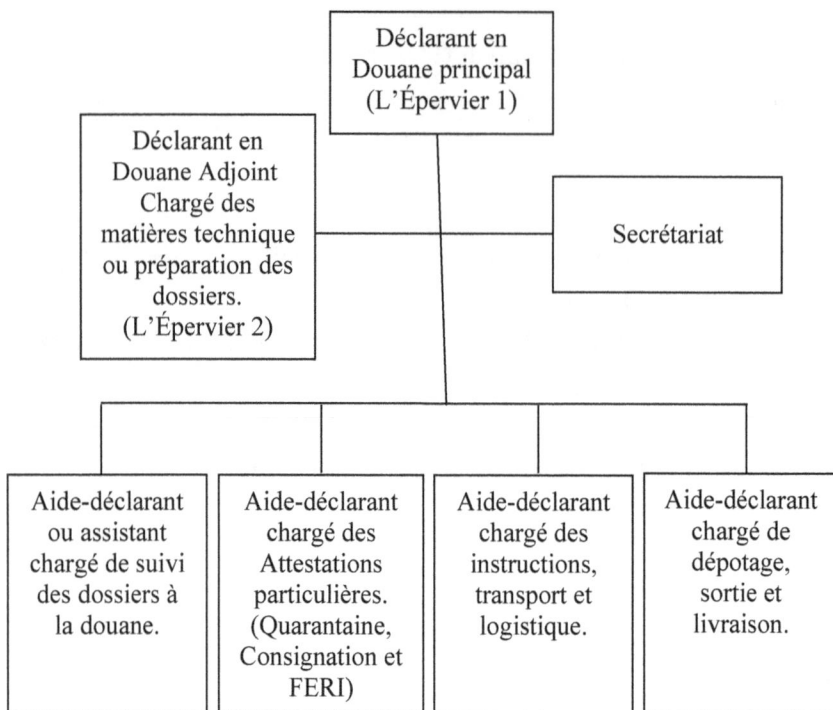

Nota Bene : Le Déclarant en Douane Principal est en contact permanent avec les clients auprès desquels il a reçu mandat, Représente le Cabinet vis-à-vis de la Douane, services connexes et les tierces personnes. En Chef d'orchestre, il Coordonne toutes les activités liées aux dédouanements. Il est le Technicien ou l'ÉPERVIER du Cabinet. Tout Contentieux repose sur sa tête. Son adjoint s'occupe de la préparation des déclarations, minute ou pré-taxe et tient la comptabilité du cabinet.

Ce Cabinet peut fonctionner d'une manière libérale c'est-à-dire comme une agence en douane ou peut être constitué dans la société qui les emploie.

SECTION 4. NATURE ET CONDITION DU TRAVAIL

4.1. NATURE DU TRAVAIL :

Entre la douane et le client, le déclarant en douane a la responsabilité de la déclaration en douane, qu'elle soit à l'importation ou à l'exportation. Son rôle est d'assurer l'interface entre les services transit et comptable des entreprises clientes et la douane.

La déclaration comprend le type de vente, la facture, parfois des contrats d'assurance ou certificats sanitaires, l'origine des marchandises, leur quantité, leur poids, leur destination et le mode de transport utilisé. Chaque marchandise transportée exige des attestations différentes et parfois particulières (œuvres d'art, marchandises dangereuses...).

Parfois sur le terrain, dans certains cas, et notamment lorsque la douane le demande, le Déclarant effectue lui-même le contrôle physique des marchandises. Il prend alors contact avec le client pour faire une déclaration plus rationnelle.

D'où :

- il doit connaître la législation ;
- Il doit arriver à établir le montant des droits et taxes et communiquer à la douane tous les renseignements concernant les marchandises ;
- Il doit être capable de vérifier la conformité des pièces fournies par le client, à la réglementation en vigueur avant de signer le dossier et de le remettre à la douane ;

- Il doit avoir la maitrise et la connaissance des circuits de dédouanement : de l'obtention du laissez-suivre, de la saisie du Déclaration au payement du bulletin de liquidation à la banque, au chargement jusqu'à l'obtention du bon d'enlever et de sortie.

4.2. CONDITION DE TRAVAIL :

Le Déclarant en douane travaille à l'import ou à l'export et peut être employé par une entreprise spécialisée dans un type de transport aérien, routier ou maritime. C'est un emploi de bureau varié, qui comporte des surcharges de travail momentanées, d'où la nécessité d'accepter une grande souplesse dans les horaires. Le rythme d'activité est souvent fonction de la disponibilité de l'administration des douanes et des arrivages de marchandises. Plus les formalités prennent du temps, plus longue est la durée d'immobilisation des marchandises, et plus cela coûte cher aux clients[7].

SECTION 5 : QUALITÉS ESSENTIELLES DE DÉCLARANT EN DOUANE

Les qualités personnelles et l'expérience sont très importantes dans cette fonction et font toute la différence. Sur ce, le Déclarant en Douane professionnel doit faire preuve :

1. de rigueur ;

---

[7]Les métiers du transport et de la logistique : collection Parcours, Onisep parution 2010Les « plus » du Déclarant en Douane et Conseil page 68.

2. de compétence ;
3. de précision et de sens de l'organisation ;
4. d'opiniâtreté ;
5. de persévérance ;
6. de souplesse ;
7. de la persuasion ;
8. de calme et de sang-froid ;
9. de sens de la négociation ;
10. d'avoir le sens du contact ;
11. d'être réactif ;
12. de diplomatie avec les clients et les services des douanes ;
13. d'aptitude à travailler de façon indépendante ;
14. d'autonomie et débrouillardise
15. de bonne mémoire ;
16. d'honnêteté (Esprit logique et méthodique) et de moralité.

Mais elles doivent impérativement s'accompagner de qualités techniques en termes :

✓ D'efficacité et de rapidité et
✓ D'une excellente maîtrise de la législation douanière ;
✓ D'intérêt pour les langues étrangères (pratique courante de l'anglais est aujourd'hui indispensable) ;
✓ D'intérêt pour les tâches administratives et de la maitrise des outils informatiques et l'anglais.

De ceux qui précèdent, soulignons que les qualités essentielles de Déclarant en douane sont : LA DIPLOMATIE, LA RIGUEUR et L'ORGANISATION.

1. Diplomate :

Patience et calme sont de rigueur. Les douaniers peuvent se montrer parfois excessivement pointilleux.

2. Rigoureux :

Mieux vaut vérifier les documents de façon systématique pour éviter des erreurs et ne pas s'infliger des pénalités coûteuses auprès de la douane.

3. Organisé :

Tous les documents doivent être clairement remplis. Plus la procédure de vérification est longue, plus les marchandises séjourneront longtemps dans le port.

Par ailleurs, une résistance au stress permet de jongler avec les délais, que les entreprises veulent toujours plus courts.

SECTION 6 : STATUTS ET LIEUX D'EXERCICE

6.1. STRUCTURE :

La profession étant encadrée, il faut un agrément des services des douanes pour l'exercer. Le déclarant peut être salarié dans le service transit ou douane d'une entreprise de transport, chez un commissionnaire ou un auxiliaire de transport reconnus par les douanes. Il est épaulé par un aide-déclarant.

6.2. Autonomie :

Le déclarant en douane doit parfois assister au dédouanement des marchandises, ce qui se traduit souvent par une présence aux frontières.

Des contacts se nouent alors avec des interlocuteurs très divers : armateurs, consignataires, compagnies d'assurances, etc. Mais c'est en toute autonomie que le déclarant en douane rédige les formulaires réglementaires.

SECTION 7 : PERFECTIONNEMENT, ET PROFIL

7.1. *PERFECTIONNEMENT*

Les déclarants en douane peuvent envisager les perfectionnements suivants :

1. Cours, conférences, séminaires mis sur pied par les associations professionnelles, les maisons d'import-export, les entreprises internationales, l'administration des douanes, etc. Ceux-ci portent notamment sur les nouvelles dispositions et législations douanières ;
2. spécialisation en expédition ou en exportation ;
3. formation en économie d'entreprise ; etc.

7.2. *PROFIL DE DÉCLARANT EN DOUANE :*

L'évolution exige qu'un Déclarant en douane doive nécessairement avoir :

-   Des notions de commerce international ;
-   Des connaissances approfondies sur le dédouanement, transit, logistique et transport ;
-   Des connaissances de contrôle douanier ;
-   L'esprit d'équipe ;
-   Des connaissances linguistiques (Exemple : anglais, français, langues locales) et la maitrise de l'outil informatique.

SECTION 8 : INTÉGRATION DANS LE MARCHÉ ET ENVIRONNEMENT DU TRAVAIL

8.1. INTÉGRATION DANS LE MARCHÉ DU TRAVAIL

L'essentiel du travail concerne l'import-export à l'international. Ces opérations sont soumises à des déclarations en douane. Ce sont des procédures souvent complexes, qui requièrent un niveau de formation plus élevé qu'auparavant. Les postes de déclarant en douane correspondent généralement à un niveau d'agent de maîtrise ou de cadre[8].

Il est possible de démarrer comme aide-déclarant avant de passer déclarant proprement dit. Avec de l'expérience, il est fréquent de se voir confier des responsabilités telles que l'encadrement d'un service de transit ou d'un service commercial.

L'accession au titre de Déclarant en douane devra être sanctionnée par un Certificat d'Aptitude à la Profession des Déclarants en douane (C.A.P/ D.D) après prestation de serment devant un Conseil des Déclarants en Douane et les autorités administratives compétentes des Finances et du Tribunal de commerce (Le Projet que nous allons tous découvrir dans la deuxième partie de cet ouvrage).

---

[8]www.onisep.fr/ressources/univers-metier/metier/declarant-e-en-douane

8.2. *ENVIRONNEMENT DE TRAVAIL* :

Le déclarant en douane ou la déclarante en douane assument seuls les mandats confiés par les clients à la maison d'import-export pour laquelle ils travaillent. Ils sont en contact avec les fonctionnaires de douane et les transporteurs.

Le rythme d'activité varie en fonction des arrivages des marchandises. Ils effectuent la plupart de leurs opérations douanières par systèmes informatiques. Ils collaborent par connexion informatique avec l'Administration des douanes.

Étant une profession des contacts, le respect des principes de réussite dans la représentation sont fortement recommandés. Ils exigent un effort sur trois plans différents[9]. Mais ici nous ajoutons un quatrième qui n'est pas aussi moins important, le plan associatif.

Voici les quatre plans qui pourront aider les Déclarants en Douane de bien paraître :

- ✓ Le plan physique = bien se porté ;
- ✓ Le plan moral = développer sa personnalité ;
- ✓ Le plan professionnel = être un bon technicien ; et
- ✓ Le plan associatif = développer l'esprit d'équipe.

1. **Sur le plan physique** :

Le Déclarant en douane doit soignez sa présentation. Même si on dit l'habit ne fait pas le moine, la manière de se présenter devant quelqu'un peut déjà conclure un marché. Il est

---

[9]Réussissez dans la Représentation, cours rationnel de représentation commerciale, 2ᵉédition 1957 Centre d'Études Matgiang, page 8.

important dans cette profession :

> Être proprement vêtu ;
> avoir un compte bancaire ;
> avoir un permis de conduire international ;
> un passeport ;
> posséder un appareil cellulaire full option avec internet incorporé,
> d'avoir un Cabinet de Transit bien équipé du système douanier informatisé, documenté et avoir des Aides Déclarants propre en bonne santé. Et pourquoi pas d'un secrétaire éloquent.

2. Sur le plan moral :

Le Déclarant en douane doit développer l'intelligence. Cette faculté permet de connaitre, comprendre, juger, analyser, synthétiser, inventer... la recherche des connaissances s'opère par étude.

Pour réussir dans votre métier vous devez ne rien ignorer de ce qui le concerne.

3. Sur le plan professionnel :

Le Déclarant en douane doit être un bon technicien c'est-à-dire connaitre les règlementations et formalités douanières au bout du doigt. Parce que ce métier non seulement exige des contacts permanents avec autrui, comme nous l'avons signifié plus haut, mais parce qu'au cours de ces contacts, il doit marquer sa supériorité sur ses interlocuteurs. Sans cette supériorité Il aura toujours des problèmes vis-à-vis de ses clients et de la douane.

4. **Sur le plan associatif** :

Le Déclarant en douane doit renforcer les liens d'amitiés avec ses collègues. La force d'une profession c'est lorsqu'on est soudé, on a la même vision et on partage des expériences.

8.3. *PRINCIPAUX DÉBOUCHÉS*

Les Déclarants en douane sont souvent recrutés par les services transit ou douane ; les entreprises d'importation et d'exportation ; les banques ; les commissionnaires et auxiliaires de transport agréés par le service des douanes ; et les services connexes à la douane tels que les services de Quarantaine et de contrôle des prix, quantité et qualités.

Quant à l'évolution professionnelle, Les **Déclarants en douane** ou les Déclarantes en douane fournissent aux douaniers les documents nécessaires au transport de marchandises. Par contre les **Chefs de service transit** supervisent tous les agents chargés de l'optimisation du transport.

En généralité, le salaire de déclarant en douane varie en fonction du secteur (aérien, maritime, etc.), de son employeur et de son expérience. En Europe par exemple, le salaire d'un déclarant en douanes salarié varie entre 1.500 à 2 300 € et celui du Chef de service transit commence à partir de 2.000 €. Les montants indiqués correspondent aux rémunérations mensuelles nettes de l'année 2009 selon le site internet Studyrama.com[10].

---

[10]www.studyrama.com/formation/fiches-métiers/transport-logistique/declarant-douane-1144

Section 9 : Formations, accès au métier et Connaissances

9.1. Formations et accès au métier de Déclarant en douane

Pour devenir directement déclarant, mieux vaut, au départ, choisir une formation privilégiant la gestion ; le droit des affaires et fiscal ; le transport et logistique ; le commerce international et la gestion logistique. Il est possible de poursuivre par une licence puis un master en droit du transport : mention Entreprise, stratégies, ressources humaines, spécialité transports internationaux.

Enfin, il est possible de préparer le diplôme d'agent supérieur en transports maritimes, portuaires et activités connexes. Cette formation, est accessible aux titulaires d'un diplôme de niveau Diplôme de Graduat justifiant d'un très bon niveau d'anglais.

Dans tous les cas, pour être déclarant en douane professionnel, il faut obtenir un agrément délivré par la Direction générale des douanes[11]et une première expérience d'aide déclarant est alors souhaitée.

---

[11]Arrêté Ministériel N° 016/CAB/MIN/FINANCES/2011 du 11 Avril 2011 portant mesures d'application de l'Ordonnance-loi N° 10/002 du 20 Aout 2010 portant Code des douanes, Article 25 point 2 page 9.

9.2. CONNAISSANCES

Les déclarants doivent connaître la législation douanière et les techniques de transit (import-export) sur le bout des doigts. Des notions de gestion et d'encadrement leur sont également d'une grande utilité. Il leur est recommandé d'approfondir des grandes connaissances sur les procédures de dédouanement, droit international des affaires et droit fiscal.

À l'heure du fax et de l'internet, les démarches administratives vont de pair avec la maîtrise des outils informatiques. Par ailleurs, la pratique d'une langue étrangère, en général l'anglais, est obligatoire.

Enfin, le permis de conduire et un moyen de locomotion personnel sont nécessaires lors des déplacements.

9.3. NIVEAU D'ÉTUDES RECOMMANDÉES

Sur le plan national

Le Déclarant en Douane doit être au moins titulaire d'un Diplôme de graduat ou titre équivalent et justifié d'une formation ou d'une expérience en matière douanière ou dans le domaine du commerce international, conformément à l'article 30 point 3 de l'arrêté ministériel N° 016 portant mesure d'application de l'ordonnance loi N° 10/00 du 20 Août 2010 portant code des douanes congolais et suivant les lois internationales[12].

---

[12]Arrêté Ministériel N° 016/CAB/MIN/FINANCES/2011 du 11 Avril 2011 portant mesures d'application de l'Ordonnance-loi

Sur le plan international :

Il est recommandé d'avoir un Diplôme de Graduat au minimum en Gestion Douanière Internationale ; Transport ; commerce international ; Gestion logistique et transport ; un Diplôme de technicien supérieur du transport international et de la logistique portuaire justifiant d'un niveau terminale et de la maîtrise de l'anglais ; et aussi une formation professionnelle de déclarant en douane et conseil.

9.4. *AIDE-DÉCLARANT EN DOUANE OU ASSISTANT-DÉCLARANT EN DOUANE:*

Suite à la réforme internationale de la profession, les titulaires des Diplômes de fin d'études secondaire accèdent au métier d'aide déclarant en douane par la formation complémentaire d'initiative locale d'**Aide déclarant en douane**. Elle se prépare en un an et permet d'assister le déclarant en douane.

De ce fait, nous pensons qu'il est aujourd'hui obligatoire d'avoir une expérience comme Aide-Déclarant en douane avant d'affronter soit même le métier. Il existe des centres qui proposent un module professionnel d'introduction au métier de déclarant en douane. L'objectif est alors de devenir **Aide Déclarant** pour ensuite évoluer vers le métier de déclarant.

N° 10/002 du 20 Aout 2010 portant Code des douanes, Article 30 point 3 page 10.

Nota bene : Le vocabulaire **Démarcheur** n'existe pas dans le lexique du commerce international. On parle plutôt d'**Aide Déclarant ou d'Assistant-Déclarant en douane**[13].

[13]http://www.glossaire-international.com/pages/tous-les-termes/declarant.html

CHAPITRE II. PROFESSIONS VOISINES

L'intégration de ce chapitre dans cet ouvrage est de donner un bref aperçu des champs de professions voisines à celle des Déclarants en douane. Mais aussi aider ceux derniers à approfondir leurs connaissances car les rôles poursuivis par ces agents que nous démarquons présentement sont ceux qu'on retrouve parmi les missions de Déclarants en douane.

Section 1 : AGENT TECHNICO-COMMERCIAL

L'agent technico-commercial possède une double compétence. Il met au service de la négociation commerciale des connaissances techniques.

Responsable d'une zone géographique, c'est un technicien qui part à la rencontre de nouveaux clients ou fournisseurs pour son entreprise. Une fois le contact établi, il analyse les besoins afin de proposer des solutions techniques adaptées ou des projets sur mesure.

Fin connaisseur et bon vendeur, l'aspect technique lui permet de négocier le produit qu'il propose et de maîtriser la gamme qu'il présente à ses clients.

Prospection, négociation, vente et fidélisation de la clientèle sont le quotidien de ce technicien particulièrement recherché. Autonomie, organisation et mobilité sont des qualités essentielles pour exercer cette activité[14].

Leurs principales activités consistent à planifier, organiser réaliser et contrôler :

1.1. PLANIFICATION ET ORGANISATION

S'informer sur l'évolution du marché (nouveaux produits, politique des prix, goût des consommateurs, conjoncture) afin de proposer des produits et services compétitifs.

À cet effet il :

✓ donne des conseils pour recruter le personnel, le former, le motiver, et l'engager de manière optimale sur les différents sites de production ;

✓ assiste les acheteurs lors de l'acquisition ou le renouvellement des moyens de production (outils, machines) et lors de l'approvisionnement en matières premières ;

✓ calcule la productivité et l'efficacité des chaînes de fabrication et trouver des solutions en cas de problème ou de baisse de rendement ;

✓ contacte régulièrement les clients (campagnes de promotion, visites, appels téléphoniques) et les informer des nouveautés ; connaître leurs besoins ;

1.2. RÉALISATION ET CONTRÔLE

L'agent technico-commercial :

---

[14]http://www.educatel.fr/domaine/7-commerce-vente/formations/71-agent-technico-commercial

✓ négocie les contrats avec les fournisseurs et avec les acheteurs en utilisant les meilleurs moyens de persuasion (matériel de présentation, visite personnalisée, démonstration, etc.) ;

✓ procède à des tests lors d'appels d'offres afin de comparer l'efficacité des différents outils de production et donner les meilleurs conseils au responsable des achats ;

✓ organise et optimiser l'engagement des chaînes de production et des forces de travail ; lors de grosses commandes, engager de nouveaux moyens (travail en rotation, personnel supplémentaire, sous-traitance, etc.) ;

✓ gère toute la chaîne logistique, de la réception à l'expédition des marchandises (entreposage, emballage, expédition et transport) ;

✓ garantie la qualité de la production en effectuant des contrôles réguliers et en trouvant rapidement des solutions en cas de pannes ; assurer le service après-vente ; et prend les mesures appropriées qui permettent de prévenir les accidents et de respecter l'environnement.

1.3. ENVIRONNEMENT DE TRAVAIL

Les agents technico-commerciaux assument une fonction de cadres. En tant qu'intermédiaires (ou représentants), ils collaborent avec les responsables du marketing et de la production. Ils sont appelés à se déplacer pour rencontrer les clients ; de ce fait, leur horaire de travail peut être irrégulier.

SECTION 2 : SPÉCIALISTE DE DOUANE

Le spécialiste de douane sont chargés des formalités de dédouanement des tonnes de marchandises diverses qui franchissent quotidiennement les frontières, par route, rail, eau, air ou pipeline.

Ils contrôlent si les marchandises importées sont déclarées correctement, fixent les droits de douane, de TVA et autres redevances et veillent à l'observation des nombreuses lois national ainsi que des dispositions internationales en matière de normes et de protection de la santé humaine, animale et végétale.

Leurs principales activités consistent à contrôler la Déclaration des marchandises et à percevoir les redevances douanières[15]:

2.1. DÉCLARATION DES MARCHANDISES

Le spécialiste de douane :

✓ contrôle que la déclaration en douane, description écrite des marchandises importées, soit remplie de manière correcte, complète et conforme aux produits transportés ;
✓ compare la déclaration en douane avec les papiers d'accompagnement tels que facture, bulletin de livraison, lettre de voiture, certificat d'origine, etc. ;
✓ se rend parfois aussi au domicile de l'expéditeur ou du destinataire, généralement à la demande de maisons qui dédouanent régulièrement des marchandises, pour y effectuer sur place les opérations de dédouanement ;
✓ tient à jour une statistique du commerce en enregistrant

---

[15]www.studyrama.com/formation/fiches-métiers/transport-logistique/declarant-douane-1144

tout le trafic des biens et marchandises ;

2.2. CONTRÔLE

Le spécialiste de douane :

✓ surveille l'importation et l'exportation de certaines marchandises ;
✓ fait respecter les règles de protection de la population et de l'environnement en contrôlant le trafic des marchandises dangereuses et des substances radioactives et toxiques en collaboration avec les offices et spécialistes régionaux ou nationaux (laboratoires de contrôle des denrées alimentaires, contrôleurs phytosanitaires, vétérinaires) ;
✓ contrôle le trafic de matériel de guerre, d'armes, de substances explosives et observe les mesures d'embargo ;
✓ protège les marques et les indications de provenance ;

2.3. REDEVANCES DOUANIÈRES

Dans ce cadre le spécialiste :

✓ détermine le numéro tarifaire, l'origine et le poids des marchandises pour fixer le montant des droits de douane, dont le taux peut varier selon la provenance ou le type de marchandises ;
✓ perçoit les redevances : droits de douane, impôts sur les lubrifiants, les automobiles, le tabac, la bière, TVA à l'importation, redevances sur le trafic des poids lourds et la redevance pour l'utilisation des routes nationales.

2.4. ENVIRONNEMENT DE TRAVAIL

Le spécialiste de douane travaillent en petites équipes, dans des bureaux communs, aménagés à proximité de halles d'entreposage et de lieux de transbordement de marchandises, principalement dans les régions frontalières et dans les grands centres économiques et industriels.

Leur lieu d'affectation est déterminé par le besoin en personnel des bureaux de douane. Les souhaits personnels sont pris en compte dans la mesure du possible.

Des horaires de travail mobiles sont offerts dans une large mesure selon l'activité et le lieu d'affectation.

SECTION 3 : SPÉCIALISTE EN EXPORTATION

Le spécialiste en exportation effectue tous les travaux administratifs liés à l'exportation de produits industriels ou de consommation. D'où Il prépare les documents qui accompagnent une transaction commerciale (crédit bancaire, contrat d'assurances et de transport, formalités douanières, etc.) et négocie afin d'obtenir les meilleures conditions (contrats, délais, remises).

Il prend également toutes les dispositions nécessaires pour couvrir les risques financiers lors d'exportations vers des clients nouveaux ou peu sûrs. Ses principales activités consistent à négocier et conclure des contrats transport, et demander les garanties financières[16]:

---

[16]www.studyrama.com/formation/fiches-métiers/transport-logistique/declarant-douane-1144

4.1. NÉGOCIATIONS ET TRANSPORT

Le spécialiste en exportation :

✓ évalue les modes de transport (ferroviaire, aérien, routier, maritime, fluvial), choisir celui qui convient le mieux en fonction des coûts, de la rapidité de livraison, de la sécurité, etc. ;
✓ prend les commandes et fixer un délai de livraison ;
✓ assure les biens contre les risques de transport (perte, dégradation), contre les éventuels dégâts que peuvent causer les produits avant leur livraison (assurance responsabilité civile) ;
✓ négocie et conclure des contrats de transport et d'entreposage pour garantir la livraison de la marchandise dans les meilleures conditions possibles, ou confier son acheminement à un transitaire ;
✓ veille à la qualité de l'emballage et au respect des normes en la matière ;
✓ s'informe sur l'acheminement de la marchandise, veiller au respect du délai de livraison ;

4.2. GARANTIES ET ADMINISTRATION

Le spécialiste en exportation :

✓ récolte des informations sur les marchés internationaux ; évaluer les risques potentiels (risques de change, risques politiques, d'insolvabilité, etc..) ;
✓ demande des garanties financières, rédiger les contrats de vente ;
✓ respecter les normes de qualité des produits, établir ou

faire établir des certificats y relatifs ;

✓ négocie avec les banques les meilleures conditions pour un financement incluant une garantie contre les risques à l'exportation ;

✓ demande les éventuelles autorisations d'exporter (armes ou équipements pouvant servir à leur fabrication, produits chimiques particuliers, etc.) ;

✓ établit les documents douaniers en fonction du pays de destination de la marchandise.

4.3. ENVIRONNEMENT DE TRAVAIL

Les spécialistes en exportation travaillent en collaboration avec les professionnels de divers organismes et institutions : banques, sociétés d'assurances, douanes, chambres de commerce, services de la Confédération, interlocuteurs à l'étranger.

Dans les grandes entreprises, le travail est en général segmenté et les spécialistes en exportation n'effectuent que les opérations liées à un domaine précis. Des déplacements à l'étranger peuvent s'avérer nécessaires dans certains cas.

SECTION 4 : AGENT DE TRANSIT

5.1. DÉFINITION17

---

[17]http://www.studyrama.com/formations/fiches-metiers/transport-

Avion, bateau, transport routier ou fluvial, L'agent de transit organise le transport des marchandises en direction ou en provenance de l'étranger, pour le compte d'une entreprise. À lui de trouver la solution la plus rapide et la moins coûteuse. Son obsession : faire baisser les prix. On en demande.

L'agent de transit effectue des opérations de transit de marchandises dans un cadre réglementaire très strict. Il doit s'occuper de toutes les formalités administratives et des attestations nécessaires au transport des biens : document d'expédition, déclaration en douane, description du chargement... Sa responsabilité est engagée en cas de dommages éventuellement subis.

Sur le plan commercial, il jongle entre transport maritime, aérien, routier et ferroviaire pour trouver la solution la plus avantageuse et négocie fermement avec les transporteurs les conditions du chargement et les délais de livraison pour le compte de son client. Une fois le contrat établi et la marchandise embarquée, il en suit l'acheminement et en tient régulièrement informé son client.

Redoutable négociateur, l'agent de transit jongle avec les nouvelles technologies, internet notamment, pour suivre au jour le jour le parcours du fret à travers la planète. Il entretient des relations étroites avec différents partenaires, notamment les Compagnies d'assurance, Douanes, chambres de commerce, correspondants étrangers et sait gérer les imprévus avec calme et efficacité. Il partage son temps entre son bureau et les déplacements sur le terrain pour contrôler le départ et la

logistique/agent-de-transit-1376

réception des marchandises. Connaissances juridiques, aisance informatique, maîtrise de plusieurs langues, il a besoin de mobiliser toutes ces aptitudes pour jouer son rôle d'homme-pivot dans le domaine du fret.

5.2. COMPÉTENCES NÉCESSAIRES

- Sens de la négociation commerciale
- Réactivité, rapidité de décision
- Méthode et organisation
- Rigueur juridique

5.3. FORMATIONS

Un Diplôme de graduat est fortement conseillé. Par exemple, le BTS transport, ou le DUT gestion logistique et transport.

La maîtrise de l'anglais fait partie des connaissances indispensables.

5.4. DÉBOUCHÉS

On trouve des agents de transit au sein du service import-export de sociétés, ou dans les entreprises de commissionnaires-opérateurs de transport en trafic international.

SECTION 5 : AGENT LOGISTICIEN

5.1. DÉFINITION

L'agent logisticien participe à la gestion des flux de

marchandises au sein d'une entreprise. Réceptionnaire, magasinier, préparateur de commandes, responsable des expéditions, il intervient tout au long de la chaîne logistique[18]. Dans ce secteur porteur, il y a de vraies opportunités pour les plus motivés.

En tant que réceptionnaire, il reçoit, contrôle, enregistre, stocke les articles en provenance des fournisseurs. À leur arrivée, il effectue le déchargement, vérifie leur adéquation à la commande initiale, classe et contrôle la qualité des marchandises.
Agissant comme magasinier, il stocke et déstocke les produits utilisés dans le processus de fabrication. Le rangement s'effectue manuellement ou au moyen d'engins de levage. L'organisation de l'entrepôt est cruciale pour retrouver facilement et rapidement les articles demandés.

Le logisticien gère les stocks et s'assure de la disponibilité des produits pour les utilisateurs au sein de l'entreprise ou pour les clients extérieurs. Très spécialisé, polyvalent, **p**réparateur de commandes, il expédie les produits finis aux clients. Il sélectionne d'abord les marchandises, puis les emballe et les conditionne selon leur type et les souhaits des destinataires. Il apporte enfin les colis sur le lieu de prélèvement.

Dans les petites entreprises, l'agent logisticien est complètement polyvalent. Absence de routine garantie.

5.2.   COMPÉTENCES NÉCESSAIRES

[18]http://www.studyrama.com/formations/fiches-metiers/transport-logistique/agent-logisticien-1118

- Endurance physique
- Rigueur, organisation
- Adaptabilité, rapidité

5.3. FORMATIONS

Plusieurs diplômes apportent une première qualification : le CAP agent d'entreposage et de messagerie, le BEP logistique et commercialisation. Deux diplômes de niveau bac+2 permettent de renforcer les bases théoriques du métier : le DUT génie de la distribution industrielle et le diplôme de technicien supérieur en méthodes et exploitation logistique.

5.4. DÉBOUCHÉS ET ÉVOLUTION PROFESSIONNELLE

Les lieux d'exercice de ce métier sont variés. On en trouve dans les sociétés du secteur du transport — logistique, sociétés de vente par correspondance, plates-formes de la grande distribution, et de toute entreprise industrielle. Selon le site internet d'emploi, www.studyrama.com, un million de professionnels opèrent déjà dans le domaine et des postes s'ouvrent constamment.

L'agent logisticien peut devenir chef-magasinier, chef d'équipe, chef d'entrepôt ou encore responsable de stock.

SECTION 6 : RESPONSABLE D'ENTREPÔT

6.1. MISSIONS

Ce professionnel de l'entreposage a pour mission de gérer et de contrôler les activités de stockage. Plusieurs situations peuvent se présenter à lui selon le niveau de la chaîne logistique auquel il intervient.

En amont, le responsable d'entrepôt prend en charge le stockage de matières premières ou de biens intermédiaires, veille à la bonne réception et à l'inspection des produits et décide de leur emplacement et de leur transfert vers les chaînes de production. En aval, il stocke les produits finis qui attendent d'être distribués. Il organise et supervise la mise en magasin. Ce professionnel planifie et supervise les activités au sein de l'entrepôt et veille au respect des normes d'hygiène et de sécurité[19].

Quels chariots sont les plus appropriés pour transférer les produits ? Quel type de rayonnage choisir pour entreposer des produits fragiles ? Doit-on prévoir un tapis roulant pour faciliter tel transfert ? Voilà les questions qu'il se pose.

Expédier, par exemple, vers les boutiques et les grands magasins 2.000 colis par jour, sans erreur ni défaut, est un défi quotidien.

6.2.   COMPÉTENCES NÉCESSAIRES

- Notions en logistique et en management
- Maîtrise des logiciels de gestion et de l'anglais
- Force de proposition et organisation

---

[19]http://www.studyrama.com/formations/fiches-metiers/transport-logistique/responsable-d-entrepot- 1413

- Qualités relationnelles et esprit d'équipe
- Excellente résistance physique

6.3. FORMATIONS

Les responsables d'entrepôt possèdent généralement un niveau graduat en transport et logistique. Néanmoins le niveau master est conseillé et certaines écoles de commerce fournissent une bonne formation.

6.4. DÉBOUCHÉS ET ÉVOLUTION PROFESSIONNEL

Le responsable d'entrepôt travaille dans des dépôts d'entreprises qu'elles soient petites, moyennes et grandes, dans la grande distribution, les centrales d'achats, chez des prestataires logistiques ou encore pour des compagnies de transport.

Il y a régulièrement des flux de marchandises au sein d'une entreprise et les métiers liés à la logistique sont en pleine croissance ce qui est bénéfique pour ce professionnel.

Ce responsable des dépôts peut devenir directeur logistique.

SECTION 7 : RESPONSABLE LOGISTIQUE

7.1. MISSIONS

Le responsable logistique est le garant de la politique d'approvisionnement et de distribution des produits d'une entreprise. Il possède de nombreuses responsabilités notamment : La gestion d'approvisionnement des fournisseurs et les stocks ; le traitement des commandes.

Il participe également à l'élaboration du planning et négocie avec différents acteurs (les transporteurs, les transitaires, etc.). Il veille par ailleurs, au respect des délais et des coûts. Il conçoit les méthodes les plus efficaces et les plus économiques pour assurer l'acheminement de tous les matériaux à l'intérieur et à l'extérieur des entreprises[20].

7.2.   COMPÉTENCES NÉCESSAIRES

- Gestion des stocks et des flux
- Connaissance en droit fiscal et juridique en matière de transport et de logistique
- Sens de l'organisation, réactivité et capacité d'analyse
- Diplomatie, esprit d'écoute
- Aisance relationnelle, rigueur et maîtrise de l'anglais.

7.3.   FORMATIONS

Pour accéder au métier, plusieurs parcours sont possibles. Le BTS Transport et prestations logistiques et DUT Gestion logistique et transport ou Qualité logistique industrielle et

---

[20]http://www.studyrama.com/formations/fiches-metiers/transport-logistique/responsable-logistique-1416

organisation (QLIO) option métrologie et gestion de la qualité ou Qualité logistique industrielle et organisation (QLIO) option organisation et gestion des flux complété par un master d'école de commerce. Cependant, une spécialisation en logistique est conseillée.

7.4.   DÉBOUCHÉS ET ÉVOLUTION PROFESSIONNELLE

Le responsable logistique travaille au sein d'industries agroalimentaires, de grandes distributions ou pour des sous-traitants en transport et logistique. Les entreprises font appel à ce professionnel afin qu'il achemine leurs matières premières, expédie les produits finis et gère leurs stocks. Les métiers du secteur de la logistique sont en plein essor grâce au développement des échanges et du commerce. C'est un secteur très dynamique qui ne cesse de se développer. Ce professionnel peut évoluer vers des fonctions de direction ou encore les métiers de la logistique, de l'import ou de l'export.

SECTION 8 : AGENT AFFRÉTEUR

8.1.   MISSIONS

L'affréteur prend en charge l'acheminement de marchandises par des transporteurs pour le compte de ses clients. Il organise le transport de marchandises de ses clients tout en garantissant la qualité et les délais de livraison, mais aussi dans un souci de rentabilité. Il choisit les moyens de transport les plus appropriés (routier, ferroviaire, maritime, fluvial et aérien), les sous-traitants qui exécuteront la prestation de transport. Il négocie d'ailleurs avec eux. Pour cela, il connaît les prix du marché et la géographie des transports.

L'affrètement peut être national ou international[21].

8.2.   SUIVI ET FIDÉLISATION

Ce chef d'orchestre travaille en étroite collaboration avec le chef de quai, les manutentionnaires et les commerciaux. Il est l'intermédiaire entre le client et les transporteurs. Il établit les documents et autres formulaires liés au contrat de transport, s'assure de l'enlèvement et de la livraison de la marchandise dans le respect du contrat. Il assure par ailleurs le suivi des prestations et la fidélisation sa clientèle.

8.3.   COMPÉTENCES NÉCESSAIRES

- Connaissances des législations en vigueur
- Esprit d'analyse et de synthèse
- Débrouillardise, réactivité, rigueur
- Pratique de l'anglais

8.4.   FORMATIONS

Le bac pro logistique, le BTS transport et prestations logistiques, le DUT Gestion logistique et transport (GLT) ou encore une licence pro en transport logistique sont des voies possibles pour accéder au métier. Il est également possible de suivre une formation dans une école spécialisée dans les transports.

8.5.   DÉBOUCHÉS ET ÉVOLUTION PROFESSIONNELLE

[21]http://www.studyrama.com/formations/fiches-metiers/transport-logistique/affreteur-95599

L'affréteur exerce chez une entreprise commissionnaire de transport. Les horaires peuvent être irréguliers, la charge de travail étant variable d'un jour à l'autre. Toutefois, il existe une réglementation spécifique aux transports.

Les débouchés sont réels et les jeunes diplômés recherchés. Mais outre le diplôme, une expérience professionnelle dans un service d'affrètement sera généralement demandé. Ainsi, 100 % des diplômés de la première promotion (2013) de l'ISLT ont été embauchés à l'issue de leur formation en alternance[22].

Après quelques années d'expérience, l'affréteur peut évoluer vers un poste de chef d'exploitation voire de chef d'agence. Avec un important apport financier, il peut également décider de se lancer dans la création de sa propre entreprise d'affrètement.

---

[22]http://www.studyrama.com/formations/fiches-metiers/transport-logistique/affreteur-95599

DEUXIÈME PARTIE : PROJET LOI PORTANT ORGANISATION DE L'ORDRE NATIONAL DES DÉCLARANTS EN DOUANE

I FONDEMENT

L'initiative trouve son fondement dans le rapport de la réunion mixte, Synergie et Patronat des Déclarants en douane, tenue le 31 Août 2013 dans la Ville portuaire de Matadi dans la Province du Kongo-Central ; et dans la pensée de John F. Kennedy qui dit : « Ne demande pas ce que votre pays peut faire pour vous, mais ce que vous pouvez faire pour votre pays », fin de citation.

L'Ordre est conçu comme un cadre spécifique pour organiser, encadrer, protéger et promouvoir la profession de Déclarant en douane.

Il est le seul et unique organisation en République Démocratique du Congo pour défendre et représenter les Déclarants en douane vis-à-vis des tierces personnes.

L'Ordre sera un Collaborateur et Conseiller parfait du Gouvernement Congolais en matière du commerce extérieur, plus particulièrement dans le domaine de la Douane.

II PRÉAMBULE

Nous Déclarants en douane exerçant notre profession en République Démocratique du Congo, conscients de certains actes immoraux et inciviques qui se manifestent dans notre profession suite au manque d'organisation et textes légaux qui peuvent régir la profession de Déclarant en douane ;

Constatant la légèreté et la négligence des usagers de la douane acceptant n'importe qui d'œuvrer dans ce métier ;

Convaincu que nous devons nous organiser dans le but de revaloriser et sauver la profession ;

Convaincu que nous avons le devoir de participer au développement socio-économique de notre pays en contribuant dans la politique de la maximisation des recettes de l'État ;

Décidons de nous unir au sein d'une même corporation dénommée Ordre National des Déclarants en Douane, O.N.D.D en sigle, pour : éviter l'infiltration des novices, organiser et protéger la profession, contrôler et identifier les Déclarants en douane et faire appliquer l'article 30 de l'Arrêté Ministériel N° 016/CAB/MIN/FINANCES/2011 du 11 Avril 2011 portant mesures d'application de l'ordonnance-loi N° 10/002 du 20 Aout 2010 portant code des douanes, qui définit les conditions et modalités d'exercer la profession de Déclarant en douane en République Démocratique du Congo.

Le présent projet de Statuts de l'Ordre National des Déclarants en Douane comporte quatre chapitres :

- ➢ Chapitre I, Dispositions générales
- ➢ Chapitre II, de l'Organisation et de l'Administration de l'O.N.D.D
- ➢ Chapitre III, l'Accès à la profession de Déclarant en douane
- ➢ Chapitre IV, de la Discipline.

Ainsi est présenté le Statuts de l'Ordre.

CHAPITRE I : DISPOSITIONS GÉNÉRALES

ARTICLE 1 :

Les Déclarants en douane sont des personnes physiques agréées par la douane, pour accomplir toutes les tâches administratives et formalités douanières sous leurs propres responsabilités pour le compte des personnes morales reconnues par l'administration de la douane. Ils sont également les collaborateurs du Gouvernement Congolais et conseillers qualifiés des opérateurs économiques et autres usagers de la douane en matière du commerce extérieur.

ARTICLE 2 :

La profession de déclarant en douane est une profession libérale et indépendante quel que soit son mode d'exercice.

ARTICLE 3 :

Nul ne peut porter le titre de déclarant en douane ni en exercer la profession s'il n'est inscrit dans le registre de l'Ordre National des Déclarants en Douane ou sur la liste d'aides déclarants.

CHAPITRE II : DE L'ORGANISATION ET L'ADMINISTRATION DE L'ORDRE NATIONAL DES DÉCLARANTS EN DOUANE.

SECTION 1. DISPOSITIONS GÉNÉRALES

ARTICLE 4 :

Il est institué un ordre national des Déclarants en douane ainsi que des conseils provinciaux de l'ordre.

L'Ordre National des Déclarants en Douane qui a son siège à Kinshasa siège de toutes les Institutions.

L'ordre national regroupe l'ensemble des Déclarants en Douane régulièrement inscrits au Registre Bleu du Conseil.

ARTICLE 5 :

Les organes de l'Ordre National des Déclarants en Douane sont :

- l'assemblée générale
- le conseil national
- les conseils provinciaux.

SECTION 2 : L'ASSEMBLÉE GÉNÉRALE

ARTICLE 6 :

L'assemblée générale de l'Ordre National des Déclarants en Douane comprend tous les conseils et les membres des différents Conseils provinciaux de l'Ordre.

Elle se réunit au moins une fois par an en session ordinaire, sur convocation du Président National ou le **Mentor National** agissant soit d'office, soit sur demande de deux tiers des membres de l'Assemblée Générale.

ARTICLE 7 :

L'Assemblée Générale délibère sur toutes les questions d'intérêt commun et sur les moyens à mettre en œuvre pour sauvegarder l'honneur, les droits et les intérêts de la profession.

Les réunions de l'Assemblée Générale sont présidées par le Mentor National.

Les rapports et résolutions sont communiqués au Ministère des Finances, au Ministre de la Justice, au Ministre de Transport et de l'Économie, avant leur diffusion.

SECTION 3 : LE CONSEIL NATIONAL DE L'ORDRE NATIONAL DES DÉCLARANT EN DOUANE

ARTICLE 8 :

Le Conseil National de L'Ordre National des Déclarants en Douane, O.N.D.D en sigle, est composé de Dix Déclarants en Douane, ayant leur résidence à Kinshasa, élus par l'Assemblée Générale pour une période de Trois ans renouvelable.

ARTICLE 9 :

Le Conseil National de l'Ordre National des Déclarants en

Douane est présidé par le Président National (Le Mentor) élu par l'Assemblée Générale.

Le Président National est choisi parmi les Déclarants en Douane inscrit au registre bleu du conseil.

ARTICLE 10 :

Le Conseil National de l'Ordre National des Déclarants en Douane veille à la sauvegarde de l'honneur, des droits et des intérêts professionnels communs des Déclarants en Douane. Sur ce :

— IL détermine et unifie les règles et usages de la profession. À cette fin, il arrête tous les règlements qu'il estime convenables.

— IL assure le fonctionnement du conseil et peut l'imposer aux Déclarants, sous peine d'omission du registre, toutes les obligations qu'il estime   nécessaires à cet effet.

— Il documente les Conseils Provinciaux sur toutes les questions qui intéressent la profession.

— Il surveille le respect des règles de la déontologie par tous les Déclarants en Douane.

ARTICLE 11 :

Le Conseil National peut adresser au Ministre des finances, à la Direction Générale des Douanes et Accises, toute suggestion qu'il estime convenable pour l'intérêt de la profession, et pour l'amélioration des formalités douanières.

ARTICLE 12 :

Les règlements adoptés par le Conseil National sont obligatoires pour tous les Déclarants en Douane. Les Conseils Provinciaux en assument l'application.

ARTICLE 13 :

Sauf s'il s'agit de sanction disciplinaire, lorsqu'une décision ou règlement du Conseil National ou l'Assemblée Générale de l'Ordre National des Déclarants en Douane est entaché d'acte de pouvoir, est contraire aux lois ou a été irrégulièrement adopté, il peut faire l'objet d'un recours en annulation devant un représentant de la justice.

ARTICLE 14 :

Le Conseil National est composé du (des) :

o Président National (Mentor de l'Ordre « Menor » qui est le Sage digne de confiance).
o Vices Présidents (les Mentors Délégués « Mendel »)
o Secrétaires Généraux
o Trésoriers
o Chargés des Missions et leurs Adjoints
o Commissaires aux Comptes et leurs Adjoints.

Article 15 :

Les Conseils Provinciaux sont installés dans toutes les provinces de la République pour assurer l'application des règlements adoptés par le Conseil National et le représenter.

Article 16

Les Conseils Provinciaux sont composés des membres ci-après :

o Les Présidents Provinciaux (les Mentor provinciaux) ;
o Les Secrétaires Provinciaux et leurs Adjoints ;
o Les Trésoriers Provinciaux et leurs Adjoints ;
o Les Chargés des Relations Publiques et leurs Adjoints ;
o Les Commissaires aux Comptes Provinciaux (CCP) ;

Article 17 :

En général, le Conseil National ou les Conseils Provinciaux se réunissent au moins une fois par mois en réunion ordinaire.

Il ne siège valablement que si plus de la moitié de ses membres sont présents et statue à la majorité des voix.

Article18 :

Les membres des conseils sont élus pour trois ans au scrutin secret par l'Assemblée Générale. Le règlement intérieur fixe les modalités d'organisation des élections.

Article 19 :

Le mandat des membres des Conseils Provinciaux est d'une année, une fois renouvelable.

CHAPITRE III : L'ACCÈS À LA PROFESSION DE DÉCLARANT EN DOUANE

SECTION 1 : CONDITIONS GÉNÉRALES D'ACCÈS À LA PROFESSION

ARTICLE 20 :

Sans porté préjudice à l'Article 30 de arrêté Ministériel n° 016/CAB/MIN /FINANCES/2011 du 11 Avril 2011 portant mesures d'application de l'Ordonnance-loi N° 10/002 du 20 Aout 2010 portant Code des douanes[23], nul ne peut accéder à la profession de déclarant en douane ni en exercer les prérogatives s'il ne remplit les conditions suivantes :

Être reconnus et inscrit au **Registre Bleu** de l'Ordre National des Déclarants en douane et à la Douane ;

1. Être de nationalité congolaise. Toutefois, l'étranger pourrait accéder à la profession sous la condition de réciprocité ou en vertu des conventions internationales ;

2. Être au moins titulaire d'un Diplôme de Graduat dans les spécialités économiques, commerciales, financières et juridiques ou d'un diplôme équivalent et justifier d'une formation ou expérience en matière douanière ou dans le domaine du commerce international.

---

[23]Arrêté Ministériel N° 016/CAB/MIN/FINANCES/2011 du 11 Avril 2011 portant mesures d'application de l'Ordonnance-loi N° 10/002 du 20 Aout 2010 portant Code des douanes, Article 30 page 10.

3. Justifier d'une expérience professionnelle d'une durée minimale ;
- De cinq (5) années d'exercice au sein de l'administration des douanes.
- Ou de cinq (5) ans d'exercice en tant que déclarant en douane

4. Être de bonne moralité et jouir de ses droits civils et civiques ;

5. Justifier d'une bonne conduite par la production d'un certificat de bonne vie et mœurs délivré par l'autorité compétente du lieu de résidence durant les cinq dernières années.

6. N'avoir pas été condamné pour :
- Escroquerie
- Faux et usage de faux
- Abus de confiance
- Corruption
- Extorsion… À moins d'en avoir été amnistié ou réhabilité.

7. Le dossier individuel doit comprendre :
- La lettre de Témoignage de l'Ordre National des Déclarants en Douane (O.N.D.D) ;
- Le curriculum vitae du candidat ;
- Les photocopies de titres scolaires ou académiques vérifiés et visés par l'O.N.D.D ;
- L'attestation de bonne vie et mœurs en cours de validité ; et
- Le spécimen de sa signature

ARTICLE 21

Sous réserve des dérogations prévues, avant son inscription

74

au registre, le déclarant en douane reçoit une formation professionnelle au cours d'un stage organisé conformément aux dispositions faisant l'objet de la section II ci-dessous.

Section 2 : Stage

ARTICLE 22

Le stage préparatoire à l'inscription au registre de l'Ordre est effectué sous la conduite d'un déclarant en douane déjà inscrit et actif.

ARTICLE 23

Toute personne qui demande son admission au stage professionnel est tenue de fournir au conseil, en triple exemplaire :

1. Toutes les pièces établissant qu'elle remplit les conditions requises pour accéder à la profession de déclarant en douane.
2. L'indication du déclarant en douane qui a accepté de lui servir de guide de stage. S'il n'en a pas été trouvé un, il en sera désigné d'office par le chargé du conseil provincial.

ARTICLE 24

L'admission au stage est prononcée par le conseil provincial dans le délai d'un mois dès la réception de la demande.

Le refus d'admission ne peut être prononcé sans que l'intéressé n'ait été entendu ou invité dans le délai de quinze jours.

Avant de statuer sur la demande d'admission, le conseil est tenu de recueillir tous renseignements sur la modalité du postulant et son comportement habituel eu égard à la déontologie de la profession.

SECTION 3 : L'INSCRIPTION AU REGISTRE BLEU

Article 25 :

Peuvent être inscrit au registre de l'Ordre National des Déclarants en Douane :

1. Les déclarants en douane qui ont terminé leur stage et qui ont obtenu le certificat d'aptitude professionnelle.
2. les personnes dispensées de stage et du certificat d'aptitude professionnelle, en vertu des dispositions de l'article 26 ci-dessous.

Article 26 :

Sont dispensées de stage et du certificat d'aptitude professionnelle :

1. les anciens déclarants en douane, pourvu qu'ils avaient exercé leurs fonctions pendant cinq (5) ans au moins ;
2. les personnes qui, durant cinq années au moins, ont, en qualité de Professeurs, d'Assistants, Formateurs, enseignés les cours des douanes dans une université, école supérieure ou centre de formation.
3. les anciens déclarants précédemment inscrits au

registre ;

4. les personnes ayant exercées les professions voisines (Agent technico-commercial, spécialiste de douane, agent import & export, agent de transit) pendant 5 ans au moins.

5. les anciens fonctionnaires de l'État ayant exercés les fonctions dans l'administration des douanes durant cinq (5) ans au moins.

Article 27 :

La demande d'inscription est adressée avec tous les documents utiles au conseil auquel le candidat sollicite son inscription.

Le dossier est établi en triple exemplaires :

- Un pour le Bureau du Conseil National ;
- L'autre pour le Bureau contentieux de l'ordre ;
- Et le dernier pour le conseil provincial où réside le candidat.

Article 28 :

L'enregistrement est prononcé par l'Ordre National des Déclarants en Douane dans le délai d'un mois de la réception de la demande.

Article 29 :

Aucune omission, aucun refus d'inscription ou de l'inscription ne peut être prononcé sans que l'intéressé n'ait été entendu ou invité à se défendre au moins quinze jours avant l'audience. Le conseil sursoit à statuer, s'il y a lieu, jusqu'à l'expiration du délai qu'il estime raisonnable, compte tenu de l'éloignement de l'intéressé.

CHAPITRE IV : LA DISCIPLINE

ARTICLE 30 :

Toute contravention aux lois et règlements, toute infraction aux règles professionnelles, tout manquement probité, à l'honneur ou à la délicatesse même se rapportant à des faits extraprofessionnels exposent le déclarant en douane qui en est l'auteur aux sanctions disciplinaires énumérées à l'article ci-dessous.

Article 31 :

Chaque sanction emporte la privation du droit d'être membre du Conseil National ou des conseils provinciaux durant un temps qui ne peut accéder cinq ans.

Lorsqu'elle est prononcée contre le président ou un membre du conseil, elle emporte la perte de son mandat. Ces sanctions disciplinaires sont :

1. L'Avertissement ;
2. La réprimande ;
3. La suspension pour un temps qui ne peut excéder une année ;
4. La radiation au registre ou de la liste de stage.

Article 32 :

Les fautes et manquements des déclarants en douane sont réprimés par le conseil national en douane ou les conseils provinciaux siégeant comme conseil de discipline soit sur plainte où dénonciation de toute personne l'intéressées, soit d'office.

Article 33 :

Aucune peine disciplinaire, aucune mesure d'interdiction provisoire ne peut être prononcée sans que le déclarant en douane mis en cause ait été entendu ou appelé.

CHAPITRE V : DU FINANCEMENT

ARTICLE 34 :

Les activités de l'Ordre sont financées par les cotisations des membres ou Déclarants en Douane reconnus par l'O.N.D.D et le Ministère des Finances ; et subventions accordées par les tiers.

ARTICLE 35 :

Le Conseil National de l'Ordre National des Déclarants en Douane ainsi que les Conseils Provinciaux arrêtent leurs politique financière et disposent de leurs revenus.

Ils peuvent bénéficier des dons, legs et autres libéralités.

ARTICLE 36 :

Pour les appuis octroyés par l'autorité publique, celle-ci conserve la prérogative d'accompagner ces appuis des mesures d'encadrement, de sorte à assurer un suivi garantissant à l'autorité publique l'affectation ainsi que l'utilisation de l'appui accordé aux fins arrêtées.

CHAPITRE VI : DES DISPOSITIONS FINALES

ARTICLE 37 :

Les statuts et Règlement d'Ordre Intérieur de l'Ordre National des Déclarants en Douane ainsi que leurs amendements ultérieurs doivent, pour être valables, se conformer à la loi, au présent arrêté et respecter l'ordre public.

Ils sont transmis au Ministre pour leur visa de conformité à la loi et aux autres actes réglementaires.

ARTICLE 38 :

Les dispositions relatives aux sanctions et mesures disciplinaires sont prévus dans les statuts et règlement d'ordre intérieur de l'Ordre National des Déclarants en Douane.

ARTICLE 39 :

Le présent projet loi entre en vigueur à la date de sa promulgation.

TROISIÈME PARTIE : LE PROJET DE CODE DE DÉONTOLOGIE

I   EXPOSE DES MOTIFS

La profession de Déclarant en douane, en République Démocratique du Congo, est l'une de profession en voie de disparition et qui perd sa crédibilité suite au manque d'organisation et des textes légaux efficaces. Aujourd'hui, nous assistons à des comportements très décevant au milieu de certains Déclarants en douane dans l'exercice de leur fonction et dans la société. Ils se comportent comme des Gens vulgaires, ignorant l'importance et la grandeur de leur profession. Cette manière de se conduire fait une honte. Même des Éperviers (Doyens) de cette profession se refusent d'être appelés « Déclarant » pour ne pas se faire qualifier négativement. Selon nos recherches, l'infiltration massive des novices et des illettrés dans cette profession peut aussi être à la base.

Décevant avons-nous dis précédemment, la plupart des Déclarants en douane :

1. manquent de délicatesse, sont sans éducation et grossier ;
2. fréquentent régulièrement des lieux publics, Bars populaires et mouvementés, ignorant le rang qu'ils occupent dans la société ;
3. ne se soucient pas d'améliorer leur présentation (peu s'habillent correctement en tenue de Ville et moins

s'expriment ou se défendent bien) ;

4. sont complexés devant les Douaniers, les Clients, les Agents de sécurité et les autres services connexes ;

5. acceptent facilement les propositions mafieuses de leurs clients et des agents de l'État pour minoration des valeurs ;

6. ont la difficulté d'imposer leurs Honoraires et minutes aux Clients (importateurs ou Exportateurs) ;

7. sont incapables de renseigner leurs Clients sur les nouvelles taxes et formalités douanières, l'une de leur mission ;

8. ne savent pas lire le Code des douanes (cause de plusieurs contentieux) ;

9. n'ont pas la culture d'améliorer leur connaissances sur l'informatique et les langues étrangères (tel que l'Anglais qui est la langue la plus recommandée dans le domaine du commerce extérieur) ; et ne songent même pas à des formations de remise à niveau ;

10. ont des cabinets (Agences en douane) qui ne répondent pas aux normes. Ils louent des locaux à une pièce (Studio), pauvrement équipés. Ce qui met en doute la plupart des clients de signer un ordre à déclarer avec eux ;

11. n'ont pas une bonne Administration. Pas des Secrétaires, pas des Comptables, des Conseillers Juridiques etc. leurs Agents travaillent sans contrat de travail, ne sont pas affiliés à des syndicats et ne bénéficient d'aucun avantage social. C'est là une violation des Droits de travail.

Au terme de différentes réunions que des légèretés et des négligences ont été, dans certains cas, à l'origine du désordre qui règne au sein de la profession de Déclarant en douane.

Parmi ces causes figurent notamment celles portant sur le

non-respect de l'Arrêté ministériel n° 016/CAB/MIN/FINANCES/2011 du 11 avril 2011 portant mesure d'application de l'ordonnance — Loi n° 10/002 du 20 avril 2010 portant code des douanes qui donne les conditions et modalités d'exercice de la profession de Déclarent en Douane en République Démocratique du Congo ;

Et manque d'un code de déontologie de la profession de Déclarant en Douane et d'une corporation capable de gérer cette profession noble.

Le présent projet de ce code vise, ainsi, à répondre aux problèmes pratiques et déontologiques constatés dans la profession de Déclarant en Douane, et poursuit spécifiquement les objets suivants :

1. Mettre à la disposition de Déclarant en Douane un cadre de conduite ou des règles morales qui pourront les aider à mieux se comporter dans l'exercice de leur profession ;
2. Éduquer, former et encadrer les Déclarants en Douane sur la manière de se comporter et de travailler ;
3. Lutter contre l'infiltration des novices dans la profession de Déclarant en Douane ;
4. Rendre la profession utile et plus crédible ;
5. Remettre à niveau toute personne exerçant la profession de Déclarant en Douane ;
6. Protéger la profession qui est classée parmi les métiers en voie de disparition ;
7. Faire respecter l'article 30 de l'Arrêté Ministériel N° 016/CAB/ MIN/FINANCES/2011 du 11 avril 2011 portant mesure d'application de l'ordonnance-loi n° 10/002 du 20 avril 2010 portant code des douanes.

Le présent code de Déontologie comporte 10 titres et 43 articles :

☐ Titre I, Disposition générale
☐ Titre II, Condition de Travail
☐ Titre III, Statuts et environnement du Travail
☐ Titre IV, Compétences et perfectionnement
☐ Titre V, Présentation physique du Déclarant en Douane
☐ Titre VI, Qualités essentielles du Déclarant en Douane
☐ Titre VII, Honoraires ;
☐ Titre VIII, Condition du contrat du Déclarant en Douane ;
☐ Titre IX, Formation et spécialisation ;
☐ Titre X, Dispositions finales ;

Telle est la présentation essentielle du présent Code de Déontologie de Déclarant en Douane.

TITRE I : DISPOSITIONS GÉNÉRALES

ARTICLE 1 :

Le code de déontologie des déclarants en douane est une éthique professionnelle stricte. Les déclarants en douane qui s'en écartent peuvent être sanctionnés.

ARTICLE 2 :

Tout Déclarant ou Déclarante en Douane ou Assistant-Déclarante en Douane doit être reconnu par l'Ordre National des Déclarants en Douane qui gère la profession de Déclarants en Douane.

ARTICLE 3 :

Tout déclarant en douane est garant de la transaction internationale des marchandises. Il a la responsabilité de la déclaration en douane, qu'elle soit d'importation ou d'exportation. Son rôle est d'assurer l'interface entre les services transit et comptable des entreprises clients et de la douane. Sur ce, il doit :

1. posséder des qualifications pointues pour établir des déclarations ;
2. avoir connaissance approfondie sur les lois, les ordonnances, les arrêtés, la législation douanière et le code des douanes ;
3. arriver à établir les montants des droits et taxes et communiquer à la douane tous les renseignements concernant les marchandises.
4. être capable de vérifier les pièces leurs fournis par le client, et leurs conformités à la réglementation en vigueur avant de signer le dossier et de le remettre à la douane ;
5. être assisté par **un Aide-Déclarant en Douane ou Assistant-Déclarant en Douane** qui doit nécessairement être titulaire d'un diplômes de fin d'études scolaires et a suivi pendant une année ou plus une formation complémentaire d'initiative de la déclaration douanière ;

ARTICLE 4 :

Pour cultiver l'art de vivre en société ou en équipe, tous les Déclarant en Douane s'appellent entre eux « **Collègue** ».

ARTICLE 5 :

Pour accéder à la profession il faut :

1. être au moins détenteur d'un diplôme de graduat ou d'un titre équivalent et justifiant une formation ou une expérience en matière douanière ou dans le domaine du commerce international ;
2. être au moins gradué et avoir suivi une formation en matière de déclaration pour les Aides-Déclarants en Douane ou Assistants ;
3. avoir une expérience justifiée de cinq (5) ans dans le domaine de la déclaration douanière ;
4. avoir un témoignage rédigé et approuvé par l'Ordre National des Déclarants en Douane (O.N.D.D) ;
5. prêter le serment qui constitue le fondement de la déontologie des déclarants en douane :
6. « Moi... je jure d'exercer la profession Déclarant (e) en Douane avec loyauté, conscience, honnêteté, autonomie, franchise et obéissance à la Constitution de la République Démocratique du Congo et respect du code des douanes. Je promets d'exercer ma profession pour l'intérêt de ma nation en évitant toute fraude douanière ».
7. sur le plan judiciaire, les agents en douane assermentés ne peuvent répondre des actes accomplis dans l'exercice de leurs professions que devant l'officier du Ministère public ou le tribunal compétents et en présence du Délégué des finances, de Douane et du conseil de l'ordre.

Article 6 :

Pour obtenir l'agrément pour l'accomplissement des formalités de dédouanement, le candidat Déclarant en douane doit soumettre au conseil National de l'Ordre National des Déclarants en Douane qui transmettra à la douane les dossiers pour examen ;

1. le dossier individuel doit comprendre :
- La lettre de Témoignage de l'Ordre National des Déclarants en Douane (O.N.D.D) ;
- Le curriculum vitae du candidat ;
- Les photocopies de titres scolaires ou académiques vérifiés et visés par le O.N.D.D ;
- L'attestation de bonne vie et mœurs en cours de validité ; et
- Le spécimen de sa signature

2. le candidat doit être au moins titulaire d'un diplôme de graduat ou d'un titre « équivalent et justifier d'une formation ou d'une expérience en matière douanière ou dans le domaine du commerce international.

3. le candidat ne doit pas avoir été condamné pour l'une des infractions suivante :
- Escroquerie
- Faux et usage de faux
- Abus de confiance
- Corruption
- Extorsion

4. les Déclarants dont les dossiers administratifs sont reconnus satisfaisants sont agrées ;

5. ils reçoivent à cet effet une carte professionnelle et un

numéro matricule l'inscrit dans le répertoire général tenu par la douane pour l'accomplissement des formalités douanières ;

6. ils sont autorisés à signer les déclarations de marchandises pour le compte du commissionnaire en Douane ou de l'importateur agréer qui les emploient ;

7. une décision de la Direction des douanes fixe le format et le frais d'obtention de la carte ;

ARTICLE 7 :

La profession de Déclarant en Douane est une profession libérale et indépendante quel que soit son Mode d'exercice. Et étant profession libérale, le numéro matricule de Déclarant en douane est personnel c'est-à-dire il ne peut pas dépendre seulement d'un commissionnaire en douane personne morale ou d'une quelconque société.

La carte donnant accès à la profession de Déclarant en Douane ne peut pas porter le nom d'une entreprise sauf la carte professionnelle de la société qui l'utilise.

Si le Déclarant salarié ou travaillant pour le compte d'une tiers personne morale résilie son contrat, son numéro matricule reste actif. Il ne peut lui être retiré que s'il y a sanction pour des motifs prévus par les lois.

ARTICLE 8 :

Le Déclarant en douane a pour missions :

1. la préparation de la Déclarant Douanière :

- connaître les dispositions légales, douanières ou autres, en relation notamment avec la variété des produits importés ou exportés ;
- contrôler les documents en leur possession, selon la réglementation en vigueur ;
- prendre contact avec leur client afin de limiter au maximum les risques de déclaration erronée, l'administration pouvant ouvrir un contentieux douanier qui peut entraîner, suivant le degré d'erreur, des pénalités plus ou moins fortes ;
- renseigner les clients sur le classement tarifaire des marchandises et sur le l'application et l'interprétation de la législation douanière, ainsi que des lois et ordonnances autres que douanières ;
- effectuer un contrôle des marchandises à l'entrepôt lorsque la douane le demande.

2. l'établissement des documents officiels :

- établir des Déclarations en douane en identifiant la marchandise et remplir des formulaires d'importation, d'exportation, de dédouanement ;
- préparer des attestations particulières pour les matières dangereuses, le matériel de guerre, les œuvres d'Art, etc. et joindre des documents tels que certificats sanitaires, déclarations d'importation ;
- communiquer à la douane les renseignements concernant le mode de vente entre le vendeur et l'acheteur, l'origine des marchandises (Transport, etc.) ;
- appliquer les tarifs prévus, droits et taxes, en fonction de la matière, des dimensions, de ses particularités, etc.
- calculer les prix et facturer ;

- parfois sur terrain, dans certains cas, et notamment lorsque la douane la demande, les Déclarants en douane peuvent effectuer lui-même le contrôle physique des marchandises. Ils prennent contact avec le client pour établir la déclaration la plus juste possible.

    3. participer à la politique de maximisation des recettes de l'État qui lui a accordé l'agreement :

- éviter de contribuer aux fraudes douanières proposées parfois par les clients ;
- éviter de concevoir les faux documents et échapper à certaines taxes ;
- aider le gouvernement à lutter contre les fraudes fiscales et douanières ;
- sensibiliser, conscientiser les clients sur les nouvelles taxes et textes légaux ;
- informer clairement les clients sur les nouvelles procédures et formalités douanières ;
- respecter les circuits douaniers tels qu'établit.

ARTICLE 9 :

Tout Déclarant en Douane exerce généralement sa fonction dans les cabinets de transit ou dans les entreprises effectuant les opérations d'importation et d'exportation et dans les sociétés de transport sous douane.

De ce qui précède, il doit arriver è instruire les dossiers, consigner les constats dans des rapports et avis, maîtriser les procédures d'import-export ainsi que d'expédition et de réception des marchandises ;

Article 10 :

Le déclarant en douane doit disposer des connaissances assez larges dans les domaines de la réglementation douanière et tarifaire, de la réglementation congolaise et étrangère en matière d'activités commerciales et, les principes de base de la communication technique et commerciale.

TITRE II : CONDITION DE TRAVAIL

ARTICLE 11 :

Le Déclarant en Douane à l'import ou à l'export peut être employé par une entreprise spécialisée dans un type de transport aérien, maritime ou routier.

ARTICLE 12 :

Le Déclarant en Douane accepte une grande souplesse dans les honoraires de travail. Il travaille en fonction de la disponibilité de l'administration des douanes et des arrivages des marchandises ; et doit veiller au strict respect de temps de dédouanement.

TITRE III : STATUTS ET ENVIRONNEMENT DU TRAVAIL

ARTICLE 13 :

1. le déclarant peut être salarié dans le service de transit ou douane, d'une entreprise de transport, chez un commissionnaire ou auxiliaire de transport reconnus par la douane.

2. il est épaulé par un Aide-Déclarant en Douane ;

3. le déclarant est amené à se déplacer souvent, notamment pour être présent, à la frontière, lors de dédouanement des marchandises et son emploi du temps est tributaire de la disponibilité de l'administration douanière. Il se noue les contacts avec des interlocuteurs très divers : armateurs, consignataires, compagnies d'assurances etc.

4. en toute autonomie le déclarant rédige les formulaires réglementaires.

TITRE IV : COMPÉTENCES ET PERFECTIONNEMENT

ARTICLE 14 :

Tout Déclarant en douane doit faire preuve de qualité techniques en termes d'efficacité et de rapidité et d'une excellente maîtrise de la législation des douanes.

C'est-à-dire qu'il doit connaître au bout du doigt la législation douanière et les techniques de transit (import-export), ainsi que les procédures de dédouanement, droit international des affaires, droits fiscal, des notions de gestion et d'encadrement.

Par ailleurs, la pratique d'une langue étrangère est obligatoire et aussi bien la maîtrise des outils informatiques qui sont utilisés dans toutes les démarches administratives.

ARTICLE 15 :

Le déclarant en douane doit envisager les perfectionnements suivants : Cours, séminaires, conférences mis sur pied par l'Ordre National des Déclarants en Douane, les associations professionnelles, les maisons d'import-export, les entreprises internationales et l'administration des douanes. Ceux-ci portent notamment sur les dispositions et législations douanières.

ARTICLE 16 :

Tout Déclarant en douane doit assumer seul les mandats qui lui ont été confiés par les clients des maisons d'import-export pour lesquelles il travaille. Il est en contact avec les fonctionnaires des douanes et les transporteurs.

TITRE V : PRÉSENTATION PHYSIQUE DU DÉCLARANT EN DOUANE

ARTICLE 17 :

La profession oblige une bonne tenue vestimentaire d'autant que cette profession correspond à un niveau d'agent de maîtrise ou cadre. Sur ce, il est recommandé une bonne représentation :

- être proprement vêtu
- avoir un compte bancaire
- avoir un passeport et un permis de conduire International.
- Posséder un appareil téléphonique full option, Internet incorporé.

- avoir un cabinet équipé du système douanier informatisé
- avoir des Aides-Déclarants en douane capable d'assumer son intérim et de remplir les taches qui leurs ont été confiées.
- avoir une bonne mine et un bon casier judiciaire.

TITRE VI : QUALITÉS ESSENTIELLES DU DÉCLARANT EN DOUANE

ARTICLE 18 :

Tout Déclarant en Douane ou Déclarante en Douane doit posséder les qualités essentielles suivantes : Diplomate, Rigoureux et Organisé.

A cet effet les 16 qualités doivent être gardées à cœur :

1. rigueur ;
2. compétence ;
3. organisation ;
4. opiniâtreté ;
5. persévérance ;
6. souplesse ;
7. persuasion ;
8. calme ;
9. sens de négociation ;
10. sens du contact ;
11. réactif ;
12. diplomatie ;
13. autonomie ;
14. débrouillardise ;

15.   bonne mémoire ;
16.   moralité.

Mais elles doivent impérativement s'accompagner de qualités techniques en termes :

1. d'efficacité et de rapidité,
2. d'une excellente maîtrise du code des douanes ;
3. d'intérêt pour les langues étrangères (pratique courante de l'anglais est aujourd'hui indispensable) ;
4. d'intérêt pour les tâches administratives et de la maitrise des outils informatiques et l'anglais.

TITRE VII : HONORAIRES

ARTICLE 19 :

Tout Déclarant en Douane est autorisé à percevoir auprès de son client pour services rendus des honoraires dont le montant est fixé conformément aux principes de droit commun et aux usages de la profession.

ARTICLE 20 :

Sans préjudice de l'Article 19 du présent code de Déontologie, le Déclarant en Douane et son client établissent ensemble les honoraires qui couvrent les prestations effectuées par le Déclarant en Douane.

ARTICLE 21 :

Avant toute prestation de service, le Déclarant en Douane

doit d'abord percevoir auprès du Client qui lui présente les dossiers, les Frais d'ouverture dossier appelé **Frais Administratif Opérationnel** qui lui permet d'établir une **Minute** ou un **Pro format** qui conclura ou pas le marché avec son client. Ce débours est réglementé et fixé par l'Ordre de Déclarant en Douane qui bénéficie d'un pourcentage prévu dans le Règlement Intérieur de l'Ordre.

En ce qui concerne les Honoraires, une convention d'honoraire, peut être établie en fonction d'une prestation spécifique :

- formalité de souscription de licence d'importation ou d'exportation : 100 FF ;
- souscription de l'Attestation de vérification : 50 FF ;
- lettre d'instruction du laissez — suivre ou bon à délivrer : 50 FF ;
- établissement du pré taxe de dédouanement : 100 FF ;
- dédouanement des marchandises à fixer selon les régimes de dédouanement mais il varie de 500 FF et plus ;
- autre débours ;

Ou bien en fonction d'un tarif honoraire et d'une facturation des frais engagés par cette prestation :

1. frais de mission ;
2. fais de contentieux ;
3. frais de courrier ;
4. frais de téléphonie ;
5. frais de télécopie ;
6. frais d'Internet

Ces genres de dépenses doivent être contrôlés par le client et justifiés par le déclarant en douane.

ARTICLE 22 :

Au cas où le client n'est pas d'accord avec les honoraires qui lui ont été facturés, le déclarant peut saisir le conseil des déclarants en douane dans le cadre de la procédure d'arbitrage d'honoraires. Mais si le client résiste, le conseil peut amener l'affaire au tribunal de commerce.

ARTICLE 23 :

Les honoraires sont payés par les conditions prévues par la loi et les règlements, notamment en espèce, par chèque, par virement, par billet à l'ordre et par compte bancaire.

ARTICLE 24 :

Le déclarant en douane détient à tout moment, par dossier, une comptabilité précise et distincte des honoraires et de toute somme qu'il a pu recevoir.

ARTICLE 25 :

Avant tout règlement définitif ou tout service, le déclarant en douane remet à son client un compte détaillé. Ce compte fait ressortir distinctement les frais tarifiés et les honoraires. Il porte mention des sommes précédemment reçues à titre de provision ou à tout autre titre.

TITRE VIII : CONDITIONS DU CONTRAT DES DÉCLARANTS EN DOUANE

ARTICLE 26 :

Tout accord de collaboration libérale ou salarié entre déclarant en douane et la personne morale agrée qui l'emploie, doit faire l'objet d'un écrit transmis, dans les quinze jours de sa signature, pour contrôle au conseil national de déclarants en douane auprès duquel le déclarant en douane collaborateur libéral ou salarié est inscrit.

Il est de même à l'occasion de tout avenant contenant novation ou modification du contrat. Le conseil peut, dans un délai d'un mois mettre en demeure les déclarants en douane de modifier la convention afin de la rendre conforme aux règles professionnelles.

ARTICLE 27 :

1. Le contrat du déclarant en douane collaborateur libéral ou salarié doit prévoir les conditions garantissant :

- le droit à la formation au titre de la formation continue et de l'acquisition d'une spécialisation notamment ;
- l'indépendance qu'implique le serment du déclarant en douane ;
- la faculté de demander à être déchargé d'une mission contraire à sa conscience ;
- la possibilité pour le déclarant en douane collaborateur libéral de constituer et développer une

clientèle personnelle, sans contrepartie financière.

2. Le contrat doit prévoir également :

•   la durée et les modalités d'exercice : durée de la période d'essai qui ne peut excéder trois mois renouvellement compris pour le déclarant en douane collaborateur libéral, durée des congés définis par la convention collective pour le déclarant en douane collaborateur salarié et durée des périodes de repos rémunérés pour le collaborateur libéral (cinq semaines, sauf meilleur accord) ;
•   les modalités de rémunération ;
•   les modalités de prise en charge des absences du déclarant en douane, collaborateur libéral ou salarié pour cause de maladie ou de maternité ;

Quelle que soit la durée du contrat de collaboration libérale, les parties se rencontreront à la demande de l'une d'entre elles, au moins une fois par an pour examiner l'évolution de leur relation.

ARTICLE 28 :

L'employeur et le collaborateur libéral déterminent les conditions de l'organisation matérielle du travail du collaborateur.

Ces conditions doivent tenir compte du temps et des moyens effectifs nécessaires au traitement de la clientèle personnelle du collaborateur libéral.

ARTICLE 29 :

Le Déclarant en Douane collaborations libéral ou salarié peut demander à celui avec lequel il collabore ou à son employeur d'être déchargé une mission qu'il estime contraire à sa conscience ou susceptible de porter atteinte à son indépendance.

ARTICLE 30 :

Le collaborateur libéral peut constituer et traiter une clientèle personnelle, mais au stricte respect du contrat engagé avec son employeur.

ARTICLE 31 :

Le collaborateur salarié ne peut constituer ni traiter de clientèle personnelle ; il doit se consacrer exclusivement au traitement de dossiers qui lui sont confiés pendant l'exécution de son contrat de travail qu'aux missions pour lesquelles il a été désigné.

ARTICLE 32 :

Le droit du licenciement s'applique au Déclarant en Douane collaborateur salarié dans la forme et sur le fond.

TITRE IX : FORMATIONS ET SPÉCIALISATIONS

ARTICLE 33 :

La formation déontologique et professionnelle est un droit et une obligation du Déclarant en Douane collaborateur libéral ou salarié, auxquels l'employeur doit se conformer. Au titre de l'obligation continue du Déclarant en Douane collaborateur, celui-ci doit disposer du temps nécessaire pour suivre les formations de son choix.

Le collaborateur libéral ou salarié peut recevoir, notamment pendant ses premières années d'exercice, de la part de l'employeur une formation adaptée aux dossiers qui lui sont confiés par ledit employeur.

ARTICLE 34 :

Le Déclarant en Douane collaborateur libéral ou salarié doit pouvoir bénéficier du temps suffisant pour suivre toute session de formation nécessaire à l'acquisition d'une spécialisation.

L'office doit s'efforcer de lui confier dans des conditions contractuellement définies, des travaux relevant de la ou des spécialisations recherchées, si le Déclarant en Douane collaborateur libéral ou salarié souhaite les acquérir.

Le Déclarant en Douane collaborateur libéral doit prévenir l'employeur dans lequel il exerce, des sessions de formation externe qu'il souhaite suivre, au plus tard 30 jours avant leur début.

TITRE X : DISPOSITIONS FINALES

ARTICLE 35 :

Le Déclarant en Douane ne peut s'ingérer dans les dossiers qui sont traités par son collègue Déclarant.

Dans le cas où le client entre en conflit soit financier ou soit d'incompréhension avec son Déclarant en Douane, le nouveau Agent en Douane doit d'abord contacter le conseil qui convoquera le premier pour éclaircirent et orientation du dossier en présence du client.

ARTICLE 36 :

Le Déclarant en Douane doit avoir un comportement franc et honnête envers son client dans l'établissement de la facture pro-forma des frais à louer pour le dédouanement des marchandises.

ARTICLE 37 :

Le Déclarant en Douane doit respect aux lois, arrêtés, ordonnances et législation douanière. Il doit également respect aux agents des douanes, aux autres services de l'État et aux clients ; et se montrer respectable en sa qualité du collaborateur privilège du Gouvernement en matière du commerce International.

ARTICLE 38 :

Avant de passer Déclarant en douane, il faut démarrer

comme Aide-Déclarant en Douane pendant une année. Avec de l'expérience, on peut se voir confier des responsabilités telles que l'encadrement d'un service de transit ou d'un service commercial.

ARTICLE 39 :

Même si la mission de Déclarant en Douane consiste à assister et représenter ses clients à la Douane pour procéder au dédouanement des marchandises et que cela se justifie par l'établissement d'un ordre à déclarer établi par ses clients, le Déclarant en Douane collaborateur privilège du Gouvernement en matière d'importateur et d'exportation, convainc les opérateurs économiques d'investir et participe à l'amélioration du climat des affaires en République du Congo.

En ce sens, il est en obligation de renseigner et expliquer les clients sur l'application et l'interprétation de la législation douanière ainsi que des lois et ordonnances autres que douanières.

ARTICLE 40 :

Pour protéger les Déclarants en douane, les formulaires des Ordres à déclarés (O.D) sont fournis et contre signés par l'Ordre National de Déclarants en Douane, mais remplient par les clients qui doivent prouver que les documents que le Déclarant en Douane a exhibés à la Douane sont ceux qu'ils ont déposés au cabinet du Déclarant en douane, en les certifiant par les signatures et les sceaux de leurs Entreprises.

ARTICLE 41 :

Tous Déclarant en Douane Professionnel, Épervier, Chef du cabinet ou d'Agence doit organiser son Cabinet suivant les réalités rencontrées sur le terrain afin de lui permettre d'organiser son travail.

Le Bureau peut être composé de (d') :

1. Déclarant en douane principal ;
2. Déclarant en douane Adjoint ;
3. Aide-déclarant ou assistant chargé de suivi des dossiers à la douane ;
4. Aide-déclarant chargé des Attestations particulières (Quarantaine, Consignation et FERI) ;
5. Aide-déclarant chargé des instructions, transport et logistique ;
6. Aide-déclarant chargé de dépotage et livraison ou sortie ;
7. Secrétaire.

ARTICLE 42 :

Le Déclarant reste soumis aux règlements de l'Ordre National de Déclarant en Douane pour son activité Professionnelle. Il est à l'obligation de cotiser trimestriellement au risque d'être radié au Registre Bleu qui reprend les noms de tous les Déclarants en douane œuvrant en République Démocratique du Congo.

Article 43 :

La méconnaissance d'un seul de ces principes, règles et devoirs, constitue une faute pouvant entraîner une sanction disciplinaire ou retrait de numéro matricule de déclarant en douane fournit par le Ministère des finances par le biais de l'administration des douanes.

Article 44 :

Le pressent code de déontologie de Déclarants en Douane ne peut être modifié sur proposition de 2/3 de membres de l'Assemblée Nationale de l'Déclarants en Douane de l'Ordre National de Déclarants en Douane.

Article 45 :

Le présent code de déontologie des Déclarants en Douanes entre en vigueur à la date de sa signature.

QUATRIÈME PARTIE : PROJET LOI FIXANT LES CONDITIONS ET MODALITÉS D'EXERCICE DE LA PROFESSION DE DÉCLARANT EN DOUANE.

I EXPOSE DES MOTIFS

Le présent projet de loi porte sur la fixation des conditions et modalités d'exercice de la profession de déclarant en douane, et, est destiné à amender les article 116 et 117 section 3 (des personnes habilités à faire la déclaration de marchandises) de l'ordonnance loi n° 10/002 du 20 Août 2010 portant code des douanes, et de faire voter une nouvelle loi sur l'exercice et l'organisation de la profession de déclarant en douane.

Deux préoccupations essentielles ont motivés l'élaboration de ce projet :

Primo, il est souhaitable de doter à cette profession libérale une loi permettant à mettre de l'ordre dans le processus de dédouanement, et d'éviter n'importe qui à exercer cette profession. L'administration des douanes a besoin des interlocuteurs qui connaissent la matière. Qui peuvent accomplir les formalités de dédouanement en tout professionnalisme.

Secundo, le code douanier actuel prévoit dans son article 117 alinéa 2 que seul le commissionnaire en douane personne morale peut obtenir l'agrément des personnes physiques qu'il désire employer pour l'accomplissement des formalités de dédouanement ; ors bien que le déclarant en douane agit toujours pour le compte d'autrui, sa profession est libérale et indépendante quel que soit son mode d'exercice.

Le déclarant en douane doit aussi avoir cette liberté de s'octroyer un numéro d'agrément qui peut lui permettre

113

d'exercer sa profession dans une entreprise d'Import-export agrée par l'Administration des douanes. Ce qui peut empêcher les novices de s'immiscer dans cette profession que nous souhaitons de l'ordre.

La présente Loi comporte trois titre : Titre I, Dispositions générales ; Titre II, Conditions et modalités d'exercice de la profession de Déclarant en douane ; et Titre III, Dispositions finales.

Tel est le dispositif juridique dont il est proposé de doter la profession de déclarant en douane et dont le présent projet de loi constitue l'étape la plus importante.

TITRE I : DISPOSITIONS GÉNÉRALES

ARTICLE 1 :

La présente loi est applicable à tous ceux qui exercent la profession de déclarant en douane en République Démocratique du Congo sans égard à la qualité des personnes.

ARTICLE 2 :

La profession de déclarant en douane est libérale et indépendante. Elle est exercée par des personnes physiques agrées par l'administration de douane, ayant au moins un titre de graduat et une expérience en matière douanière ou dans le domaine du commerce international, pour accomplir les formalités de dédouanement au sein d'une entreprise agrée par la douane.

Les Déclarants en douane se conforment au code des douanes ; à la loi portant création et organisation de l'Ordre National des Déclarants en Douane ; au code de déontologie de Déclarants en douane et à la loi fixant les conditions et modalités d'exercice de la profession de Déclarant en douane en République Démocratique du Congo.

ARTICLE 3 :

Conformément au chapitre II, section 1, article 4 de la loi portant création et organisation de l'Ordre des Déclarants en Douane, toute personne physique voudra exercer la profession de Déclarant en douane, doit s'enregistrer auprès de L'ordre National des Déclarants en Douane avant qu'il soit reconnu à l'Administration des douanes.

ARTICLE 4 :

Le Déclarant en Douane inscrit à l'ordre national exerce la plénitude de son Ministère sur :

- Toutes les formalités douanières sous son propre responsabilité
- La préparation et l'établissement des déclarations et des documents officiels
- L'assistance des nouveaux investisseurs
- Le conseil de dédouanement
- Le dédouanement des marchandises.

ARTICLE 5 :

L'ordre national est administré par un conseil national dont le président porte le titre de MENTOR de l'ordre national des déclarants en douane. Le MENTOR de l'ordre national est élu pour trois ans par l'assemblée générale des déclarants en douane inscrit au registre, au scrutin secret, à la majorité des votants. Il est rééligible.

ARTICLE 6 :

L'ordre national est doté de la personnalité morale et juridique. Son siège est fixé à Kinshasa, siège des toutes les Institutions.

ARTICLE 7 :

Le conseil national de l'ordre a pour attributions :

1. de contrôler le fonctionnement de l'ordre national ;
2. de statuer sur l'inscription, à la demande des déclarants en douane au registre des déclarants en douane, sur l'omission dudit registre décidé d'office ou à la demande du Ministère des Finances, sur l'admission au siège sur l'inscription au registre des déclarants en douane stagiaires, sur l'inscription et le rang des déclarants en douane qui ayant déjà été inscrits au registre, après l'interruption demandent à reprendre leurs activités. Toutes décisions portant grief est susceptible de recours devant le Conseil national ;
3. d'élaborer le règlement intérieur de l'ordre national ;
4. de fixer les principes généraux de l'organisation du stage ;
5. de fixer les cotisations des conseils de l'ordre national ;
6. de fixer les conditions d'honoraires et rémunération des déclarants en douane et stagiaires ;
7. de veiller à l'élévation du niveau professionnel des

déclarants en douane et à la formation des déclarants stagiaires ;

8. d'assurer la défense des intérêts de la profession ;
9. de traiter toute question concernant l'exercice de la profession ;
10. de gérer les biens de l'ordre, l'administration et d'utiliser les ressources de l'ordre pour assurer les secours, allocations et avantages quelconques attribués aux membres et anciens membres de l'ordre, à leurs conjoints suivants ou à leurs enfants ;
11. de conférer l'honorariat ;
12. de statuer sur les décisions disciplinaires des conseils ;
13. le président ou MENTOR national de l'Ordre représente l'ordre des déclarants en douane dans tous les actes de la vie civile. Il peut déléguer tout ou partie de ces attributions à un ou plusieurs membres du conseil national de l'ordre.

ARTICLE 8 :

L'assemblée générale de l'ordre comprend tous les membres du Conseil National et les membres des différents Conseils Provinciaux de l'ordre. Elle se réunit au moins une fois par an en session ordinaire.

ARTICLE 9 :

Le projet loi portant organisation de l'Ordre National des Déclarants en Douane explique toutes les dispositions sur le fonctionnement de l'ordre.

TITRE II : CONDITIONS ET MODALITÉS D'EXERCICE DE LA PROFESSION DE DÉCLARANTS EN DOUANE.

ARTICLE 10 :

Nul ne peut accéder à la profession de déclarants en douane, ni en exercer les prérogatives sans passer par l'Ordre National des Déclarants en Douane (O.N.D.D) et être agrée par l'administration des douanes.

ARTICLE 11 :

Les personnes physiques inscrites au registre de l'Ordre National des Déclarants en Douane, obtiennent l'agrément pour accomplir les formalités douanières, en qualité de déclarant, auprès de l'administration des douanes.

ARTICLE 12 :

Toute personne physique qui bénéficie de l'agrément en qualité de déclarant en douane, ne peut accomplir les formalités en douane que s'il représente une personne morale agrée par la douane. Soit un commissionnaire en douane, une société d'importation et d'exportation, un Agent maritime, un transporteur agrée par la douane, une banque ou autre entreprise exerçant les activités du commerce extérieur.

ARTICLE 13 :

Les personnes physiques peuvent postuler l'agrément de Déclarant en douane en douane si elles remplissent les conditions suivantes :

1. être reconnus et inscrit au **Registre Bleu (RB)** de l'Ordre National des Déclarants en Douane et à l'Administration des Douanes ;
2. être de nationalité congolaise. Toutefois, l'étranger pourrait accéder à la profession sous la condition de réciprocité ou en vertu des conventions internationales ;
3. être au moins titulaire d'un Diplôme de Graduat dans les spécialités économiques, commerciales, financières et juridiques ou d'un diplôme équivalent et justifier d'une formation ou expérience en matière douanière ou dans le domaine du commerce international.
4. justifier d'une expérience professionnelle d'une durée minimale
   a. — de cinq (5) années d'exercice au sein de l'administration des douanes.
   b. — ou de cinq (5) ans d'exercice en tant que déclarant en douane.
5. être de bonne moralité et jouir de ses droits civils et civiques ;
6. justifier d'une bonne conduite par la production d'un certificat de bonne vie et mœurs délivré par l'autorité compétente du lieu de résidence durant les cinq dernières années.
7. escroquerie, Faux et usage de faux, Abus de confiance, Corruption, Extorsion. (À moins d'en avoir été amnistié ou réhabilité. Justifié par un extrait de casier judiciaire) ;
8. le dossier individuel doit comprendre :
   - La lettre de Témoignage de l'Ordre National des Déclarants en Douane (O.N.D.D) ;

- le curriculum vitae du candidat ;
- les photocopies de titres scolaires ou académiques vérifiés et visés par l'O.N.D.D ;
- l'attestation de bonne vie et mœurs en cours de validité ; et
- le spécimen de sa signature.

ARTICLE 14 :

Il est tenu à la direction générale des douanes un registre matricule sur lequel sont inscrits tous les déclarants en douane agréés pour accomplir les formalités en douanes pour le compte des personnes morales agréées. La forme et le contenu du registre sont fixés par décision du directeur général des douanes.

ARTICLE 15 :

La demande d'agrément de Déclarant en Douane établi sur papier libre, est adressée à la Direction Générale des Douanes par le biais de l'Ordre National des Déclarants en Douane.

Même les commissionnaires en douane personnes morales sollicitant les numéros pour des personnes physiques qu'ils veulent employer doivent s'adresser auprès de l'Ordre qui transmettra les dossiers accompagnés des témoignages, à l'Administration des douanes :

1. Le dossier individuel du candidat doit comprendre :

- Le curriculum vitae du candidat
- Les photocopies de ses titres scolaires et

académiques

- L'attestation de bonne vie et mœurs en cours de validité
- L'extrait de casier judiciaire en cours de validité.

2. Le candidat doit être au moins titulaire d'un diplôme de graduat ou d'un titre équivalent et justifier d'une formation ou d'une expérience en matière douanière ou dans le domaine du commerce international.

ARTICLE 16 :

L'administration des Douanes accuse réception de la demande accompagnée des pièces requises et fait procéder à une enquête.

ARTICLE 17 :

L'Administration des Douanes statue dans les soixante jours sur l'objet de la demande si à l'expiration du délai susvisé, l'administration n'a pas opposé un refus motivé, le demandeur bénéficie d'un agrément provisoire jusqu'à l'aboutissement de la procédure d'examen.

ARTICLE 18 :

Les candidats dont les dossiers administratifs sont reconnus satisfaisants sont agrées :

- Ils reçoivent à cet effet une Carte Professionnelle de Déclarant en Douane et un numéro matricule inscrit dans le répertoire général tenu par la douane pour l'accomplissement des formalités douanières ;

- Ils sont autorisés à signer les déclarations de marchandises pour le compte du commissionnaire en douane ou toute autre personne morale agrées qui les emploient et doivent reprendre sur toutes les déclarations de marchandise le numéro visé ou pointé ci-dessus ainsi que le numéro d'agrément de la personne morale ;
- Une décision du directeur général des douanes fixe le format et les frais d'obtention de la carte.

ARTICLE 19 :

L'agrément est accordé par décision du Directeur Général des Douanes, il est publié au journal officiel de la République Démocratique du Congo. Il est national et ne peut être ni prêté à quelque titre que ce soit, ni loué, il est valable pour tous les bureaux de douanes sous réserve d'observer les obligations prévues à l'article 23 ci-dessous. L'agrément est notifié à l'intéressé dès sa signature.

ARTICLE 20 :

Tout Déclarant en Douane titulaire d'un numéro d'agrément doit, dans un délai d'une année, à compter de la date de notification de l'agrément, par l'Administration des douanes, justifier de la présence active au sein d'une Agence en douane.

ARTICLE 21 :

En cas de refus d'octroi de l'agrément ou de retrait de l'agrément, la personne concernée peut introduire un recours par le biais de l'Ordre National de Déclarant en Douane, devant la commission de recours et de discipline dans un délai de deux mois au maximum à compter de la date de notification du refus de l'agrément ou de son retrait.

ARTICLE 22 :

Le Déclarant en douane doit aider la personne morale agrée qui l'emploi à conserver les documents relatifs à chaque opération de dédouanement, notamment :

- Copie de la déclaration
- Copie des quittances de paiement des droits et taxes
- Copie des titres de transports
- Copie des lettres de colisage, le cas échéant
- Copie de la facture d'honoraires du commissionnaire en douane
- Copie de décompte des frais de transport et d'assurance
- Copie de pièces concernant les débours annexes

ARTICLE 23 :

Les Déclarants en douane établissent eux-mêmes les déclarations et les signent en sa qualité de déclarant et présentent eux-mêmes les marchandises à la vérification.

Toutefois, ils peuvent donner procuration à ses aides-déclarants, préalablement autorisés par l'administration des douanes, pour les démarches douanières. Cette procuration est préalablement déposée auprès du receveur des douanes compétent.

ARTICLE 24 :

Il est strictement interdit aux déclarants agréés d'établir des déclarations et de les faire signées pour autrui, sous peine de retrait de l'agrément.

ARTICLE 25 :

Tout engagement ou changement du déclarant par la personne morale qui l'emploie doit être notifié immédiatement à la douane.

ARTICLE 26 :

Le directeur général des douanes, peut par décision motivée, procéder à la suspension de l'agrément dans les cas suivants :

- Violation du code des douanes ;
- Absence d'activité pendant une période d'une année ; conformément à l'article 20 du présent projet-loi ;
- Inobservation des obligations prévues à l'article 24 ci-dessus ;
- Manquement grave à ses obligations professionnelles ;
- Implication personnelle dans une affaire contentieuse ;
- Non-respect de l'article 24 ci-dessus ;

ARTICLE 27 :

La décision portant retrait de l'agrément est notifiée à l'intéressé par lettre recommandée et publiée au journal officiel de la République.

ARTICLE 28 :

Le déclarant en douane est autorisé à percevoir auprès de son client pour services rendus les honoraires dont le montant est fixé conformément aux principes de droit commun et aux usages de la profession.

TITRE III : DISPOSITIONS FINALES

ARTICLE 29 :

L'agrément de déclarant en douane utilisée par le commissionnaire en douane pour l'accomplissement des formalités douanières peut être suspendu lorsque ses noms, numéro d'agrément et signature sont repris sur au moins trois déclarations de marchandises ayant conduit à un contentieux contre le commissionnaire en douane au courant d'un exercice.

ARTICLE 30 :

L'agrément de la personne physique est retiré à titre définitif dans les cas suivants :

- La récidive pour les faits prévus à l'article 26 ci-dessus ;
- La perte de la qualité d'employé au sein de la société agréée en qualité de commissionnaire en douane si les raisons de la perte ont été causées par le déclarant en douane
- La condamnation judiciaire pour l'une des infractions citées à l'article 26.

ARTICLE 31 :

Le Déclarant en douane ne peut exercer les activités commerciales d'importation et d'exportation pour son propre compte.

ARTICLE 32 :

Tout déclarant en douane concerné par une décision de la douane dispose d'un droit de recours.

ARTICLE 33 :

Les déclarants en douane sont soumis aux obligations de la présente loi.

ARTICLE 34 :

La présente loi entre en vigueur 3 mois après sa promulgation.

CONCLUSION

Premier vérificateur de la marchandise et spécialiste de la régularisation qui régit les importations et les exportations, lors du processus de dédouanement, le Déclarant en douane est censé connaitre à fond, le Code des douanes, les ordonnances, et les arrêtés mis à sa disposition. Notons que c'est lui qui remplit la Déclaration douanière, document de base, compté parmi le plus important dans le processus de dédouanement , qui permet d'assurer le mouvement et le contrôle des marchandises, la liquidation des droits, impôts, taxes, redevances et autres frais ainsi que la collecte des données statistiques. La saisie du dit document ne permet pas au Technicien de transit de commettre la moindre erreur. Dès par son rôle d'intermédiaire, fait qu'il soit le pivot entre l'administration douanière et l'opérateur économique. Raison pour laquelle, qu'il est appelé Commissionnaire en Douane et non du client. Étant partenaire de l'Administration douanière, le Déclarant en douane est dans l'obligation de fournir les éléments d'évaluation nécessaire à cette dernière et vice versa. **D'où sa déontologie lui refuse le droit de contester toute taxe initiée par le Gouvernement. Au contraire, il a le devoir de sensibiliser les opérateurs économiques sur l'application de la nouvelle taxe ou redevance. Mais l'État Congolais ne peut lui dénier le droit de dénoncer toute pratique alourdissant les processus de dédouanement, les taxes et perception des frais non autorisée par le Ministère des Finances et toutes sortes de tracasseries.**

Cette profession étant libérale, le déclarant peut être lié pour un contrat permanent de travail en tant que déclarant salarié.

L'administration douanière qui a reçu du législateur le pouvoir de faire respecter les dispositions légales et réglementaires, ce projet doit préoccuper les responsables de la Direction générale des Douanes et Accises (D.G.D.A.). Malheureusement les moyens mis en œuvre pour la réussite dudit projet paraissent insuffisants. Il est donc temps de penser à l'assainissement de cette profession noble d'intermédiaire entre le gouvernement représenté par la D.G.D.A et les opérateurs économiques.

La meilleure façon semble-t-il, consiste dans la mise en œuvre des mécanismes légaux qui pourraient décourager le soi-disant « déclarant » de tenue non averti. Désormais, on doit exiger au Déclarant en douane de se conduire à un bon cadre de maitrise, en respectant sa déontologie et de ne plus jamais accepter n'importe qui envahir sa profession.

De ce qui précède, nous croyons qu'il est important que certains articles du Code des douanes et de l'arrêté Ministériel N° 016/CAB/MIN/FINANCES/2011 du 11 Avril 2011 portant mesures d'application de l'Ordonnance-loi N° 10/002 du 20 Aout 2010 portant Code des douanes soient amendés.

Tels que les Articles 117 du Code des douanes et les Articles 26 et 30 de l'arrêté Ministériel N° 016/CAB/MIN/FINANCES/2011 du 11 Avril 2011 portant mesures d'application de l'Ordonnance-loi N° 10/002 du 20 Aout 2010 portant Code des douanes.

Article 117 de l'Ordonnance-loi N° 10/002 du 20 Aout 2010 portant Code des douanes :

1. Seules les personnes morales peuvent être agréées

comme commissionnaires en douane.

2. L'agrément est accordé à titre personnel. Il doit être obtenu pour la personne morale et pour toute personne physique habilitée à la représenter.

3. En aucun cas, le refus ou le retrait, temporaire ou définitif, de l'agrément ne peut donner droit à indemnité ou dommages-intérêts.

Article 26 de l'arrêté Ministériel N° 016/CAB/MIN/FINANCES/2011 du 11 Avril 2011 portant mesures d'application de l'Ordonnance-loi N° 10/002 du 20 Aout 2010 portant Code des douanes :

L'agrément des commissionnaires en douane est subordonné au respect des conditions ci-après :

1. Introduire auprès de la douane une demande écrite assortie d'un dossier comprenant :

A. une copie certifiée conforme de l'acte constitutif de la société ou l'extrait du journal officiel contenant ses statuts ;

B. les copies certifiées conformes des actes accordant l'immatriculation au nouveau registre du commerce, le numéro d'identification national et le numéro d'impôt ;

C. le cas échéant, l'attestation de situation fiscale en cours de validité des dirigeants et de la société postulante ;

D. une copie certifiée conforme du procès-verbal de l'assemblée générale extraordinaire désignant la ou les personnes ayant le pouvoir d'engager la société, si elle (s) n'est (sont) pas statutaire (s) ;

E. des documents indiquant l'identité complète, le niveau d'études, l'expérience professionnelle et la moralité des principaux dirigeants de l'entreprise et attestant d'une part la nationalité congolaise des principaux dirigeants ou le visa d'établissement et de travail en République Démocratique du Congo pour les ressortissants étrangers, et d'autre part qu'ils n'ont jamais dirigé une société de dédouanement dont l'agrément en qualité de commissionnaire en douane a été retiré du fait de leur gestion.;

2. justifier à la satisfaction de la douane de la capacité de disposer des infrastructures de bureaux et équipement informatiques ainsi que de la capacité de se connecter à distance aux systèmes informatiques de la douane.

3. signer une déclaration autorisant l'accès par la douane à la comptabilité et aux systèmes informatiques de l'entreprise.

4. signer avec la douane la charte de la sécurité informatique.

Article 30 de l'arrêté Ministériel N° 016/CAB/MIN/FINANCES/2011 du 11 Avril 2011 portant mesures d'application de l'Ordonnance-loi N° 10/002 du 20 Aout 2010 portant Code des douanes :

1. Pour obtenir l'agrément des personnes physiques qu'il

désire employer pour l'accomplissement des formalités de dédouanement, le commissionnaire en douane doit soumettre à la douane les dossiers pour examen.

2. Le dossier individuel doit comprendre :

• Le curriculum vitae du candidat ;
• Les photocopies de titres scolaires ou académiques ;
• L'attestation de bonne vie et mœurs en cours de validité ;
• l'extrait du casier judiciaire en cours de validité ; et
• Le spécimen de sa signature

3. Être au moins titulaire d'un Diplôme de Graduat dans les spécialités économiques, commerciales, financières et juridiques ou d'un diplôme équivalent et justifier d'une formation ou expérience en matière douanière ou dans le domaine du commerce international.

4. Le candidat ne doit pas avoir été condamné pour l'une des infractions suivantes Escroquerie, Faux et usage de faux, Abus de confiance, Corruption, Extorsion. (À moins d'en avoir été amnistié ou réhabilité. Justifié par un extrait de casier judiciaire).

Vu l'importance de protéger la profession de Déclarant en douane, nous suggérons ce qui suit :

1. qu'on ajoute un troisième point à l'Article 117 de l'Ordonnance-loi N° 10/002 du 20 Aout 2010 portant Code des douanes : « 3. **Le Déclarant en douane agréé employé par le commissionnaire en douane agréé pour**

l'accomplissement des formalités douanières est la seule personne physique qui représente ce dernier auprès de la douane et des services connexes ».

2. pour l'Article 26 point 1 de l'arrêté Ministériel N° 016/CAB/MIN/FINANCES/2011 du 11 Avril 2011 portant mesures d'application de l'Ordonnance-loi N° 10/002 du 20 Aout 2010 portant Code des douanes, nous conseillons qu'on ajoute un point f : « **des documents indiquant l'identité complète, le niveau d'études, l'expérience professionnelle et la moralité des Déclarants en douane qui vont représenter le commissionnaire en douane en matière douanière et qui vont signer la déclaration des marchandises »**

3. quant à l'Article 30 de l'arrêté Ministériel N° 016/CAB/MIN/FINANCES/2011 du 11 avril 2011 portant mesures d'application de l'Ordonnance-loi N° 10/002 du 20 Aout 2010 portant Code des douanes, nous suggérons la modification du premier point comme suite : « **Pour obtenir l'agrément des personnes physiques qu'il désire employer pour l'accomplissement des formalités de dédouanement, le commissionnaire en douane doit déposer au conseil des Déclarant en douane les dossiers pour visa et ce dernier va les soumettre à la douane pour examen. »**

En effet, c'est de cette manière que l'on pourrait assainir la profession des Déclarants en douane.

132

Cet assainissement, non pas seulement dans le but d'éradiquer la fraude douanière et de le faire participer activement au développement socio-économique, mais aussi dans le souci de faire valoir les Déclarants en douane dans la société et qu'ils puissent prendre conscience eux-mêmes.

Aussi longtemps que ce projet de réforme n'aura pas un écho favorable de la part des Autorités compétentes, la fraude douanière demeurera une « pieuvre » pour le trésor public.

Somme toute, il sera souhaitable qu'au niveau national et international que les Déclarants en douane représentés par leurs corporations (différentes Nations) puissent avoir un siège dans les organismes nationaux, africains et internationaux tels que l'OMD, l'OMC, l'OHADA, le COMESA, le CEDEAO, la CNUCED etc. et participés aux différentes conférences nationales, continentales ou mondiales liées au Commerce international.

LEXIQUE

1. **Accords d'assistance mutuelle administrative :** conventions internationales prévoyant la prise, par la douane pour le compte d'une autre administration douanière ou en collaboration avec celle-ci, des mesures en vue de l'application correcte de la législation douanière et de la prévention, de la recherche et de la répression des infractions douanières ;

2. **Administration des douanes ou douane :** administration ou organisme public chargé (e) de l'application de la législation douanière et de la perception des droits et taxes à l'importation et à l'exportation, et qui est également chargé (e) de l'application d'autres lois et règlements relatifs à l'importation et à l'exportation ;

3. **Agent des** douanes : un agent de l'administration des douanes ;

4. **Bureau de douane :** l'unité administrative compétente pour l'accomplissement des formalités douanières ainsi que les locaux et autres emplacements approuvés à cet effet par la douane ;

5. **Commissionnaire en douane :** personne morale ayant pour profession d'accomplir, en son nom et pour compte d'autrui, les formalités douanières concernant la déclaration de marchandises ;

6. **Débiteur :** toute personne tenue au paiement du montant

de la dette douanière ;

7. **Décision :** l'acte particulier par lequel la douane règle une question relative à la législation douanière ; ce terme couvre, entre autres, un renseignement contraignant au sens de l'article 14 du présent code ;

8. **Déclarant :** la personne qui fait la déclaration de marchandises ;

9. **Déclaration de chargement :** les renseignements transmis avant ou au moment de l'arrivée ou du départ d'un moyen de transport à usage commercial, qui contiennent les données exigées par la douane en ce qui concerne le chargement transporté ; il s'agit notamment du manifeste pour les navires et les aéronefs, de la lettre de voiture pour les trains ou du document équivalent pour les véhicules routiers ;

10. **Déclaration de marchandises :** l'acte fait dans la forme prescrite par la douane, par lequel les intéressés indiquent le régime douanier à assigner aux marchandises et communiquent les éléments dont la douane exige la déclaration pour l'application de ce régime ;

11. **Dédouanement :** l'accomplissement des formalités douanières nécessaires pour mettre des marchandises à la consommation, pour les exporter ou encore pour les placer sous un autre régime douanier ;

12. **Destination douanière d'une marchandise :** le placement de la marchandise sous un régime douanier ; sa destruction ;

13. **Dette douanière :** l'obligation pour une personne de payer les droits et taxes à l'importation (dette douanière à l'importation) ou les droits et taxes à l'exportation (dette douanière à l'exportation) qui s'appliquent à des marchandises déterminées selon les dispositions en vigueur ;

14. **Directeur général des douanes :** personne physique nommée par l'autorité compétente et exerçant les fonctions les plus élevées dans la gestion courante de l'administration des douanes ;

15. **Domicile privé :** l'habitation d'un particulier ou partie de construction réservée à son logement, à l'exclusion des dépendances, des jardins et des enclos ;

16. **Droits et taxes à l'exportation :** les droits de douane et tous autres droits, taxes ou impositions diverses qui sont perçus à l'exportation ou à l'occasion de l'exportation des marchandises, à l'exception des impositions dont le montant est limité au coût approximatif des services rendus ou qui sont perçues par la douane pour le compte d'un autre organisme ;.

17. **Droits et taxes à l'importation :** les droits de douane et tous autres droits, taxes ou impositions diverses qui sont perçus à l'importation ou à l'occasion de l'importation des marchandises, à l'exception des impositions dont le montant est limité au coût approximatif des services rendus ou qui sont perçues par la douane pour le compte d'un autre organisme ;

18. **Enregistrement de la déclaration :** l'opération par laquelle le bureau de douane reconnaît une déclaration comme recevable et la revêt d'un numéro d'ordre, de la date de cette

opération et du sceau du bureau ;

19. **Entreposeur :** toute personne qui est chargée de gérer un entrepôt de douane ;

20. **Entrepositaire :** la personne qui a établi ou fait établir pour son compte par un commissionnaire en douane, la déclaration de marchandises sous le régime de l'entrepôt de douane ;

21. **Examen de la déclaration de marchandises :** les opérations effectuées par la douane pour s'assurer que la déclaration de marchandises est correctement établie, et que les documents justificatifs requis répondent aux conditions prescrites ;

22. **Formalités douanières :** l'ensemble des opérations qui doivent être effectuées par les intéressés et par la douane pour satisfaire à la législation douanière ;

23. **Heures d'ouverture du bureau :** les heures légales pendant lesquelles les bureaux sont ouverts au public ;

24. **Lieu d'importation dans le territoire douanier :** le port de débarquement pour les marchandises transportées par voie maritime, fluviale ou lacustre ; le premier bureau de douane pour les marchandises acheminées par voie ferrée ou par voie routière ; l'aéroport de débarquement pour les marchandises transportées par voie aérienne ;

25. **Mainlevée d'une marchandise :** l'acte par lequel la douane permet aux intéressés de disposer de la marchandise

qui fait l'objet d'un dédouanement ou d'une saisie

26. **Marchandises :** toutes choses, sans exception, telles que matières brutes ou ouvrées, denrées, animaux, véhicules, instruments de paiement (monnaies métalliques ou fiduciaires), effets publics, titres de sociétés, originaires ou non de la République Démocratique du Congo, commerçables ou non, ayant ou non une valeur commerciale, soumises ou non aux droits et taxes à l'importation ou à l'exportation ;

27. **Marchandises en libre circulation :** les marchandises dont il peut être disposé sans restrictions du point de vue de la douane ;

28. **Marchandises exportées avec réserve de retour :** les marchandises qui sont désignées par le déclarant comme devant être réimportées et à l'égard desquelles des mesures d'identification peuvent être prises par la douane en vue de faciliter leur réimportation en l'état ;

29. **Marchandises produites :** marchandises ayant fait l'objet d'un processus de production et marchandises cultivées, fabriquées ou extraites ;

30. **Moyen de transport à usage privé :** les véhicules routiers et remorques, bateaux et aéronefs, ainsi que leurs pièces de rechange, leurs accessoires et équipements normaux importés ou exportés par l'intéressé exclusivement pour son usage personnel, à l'exclusion de tout transport de personnes à titre onéreux et du transport industriel ou commercial de marchandises à titre onéreux ou non ;

31. **Navire ou bateau :** les bâtiments pontés ou non et tout autre moyen de transport des personnes ou des marchandises par voie d'eau ;

32. **Personne :** soit une personne physique ou morale, soit, lorsque cette possibilité est prévue par la réglementation en vigueur, une association de personnes reconnue comme ayant la capacité de poser des actes juridiques sans avoir le statut légal de personne morale ;

33. **Personne établie en République Démocratique du Congo :** une personne physique qui y a sa résidence,

34. **Plateau continental :** les fonds marins et leur sous-sol au-delà de la mer territoriale, sur toute l'étendue du prolongement naturel du territoire terrestre jusqu'au rebord externe de la marge continentale, ou jusqu'à 200 milles marins des lignes de base à partir desquelles est mesurée la largeur de la mer territoriale, lorsque le rebord externe de la marge continentale se trouve à une distance inférieure ; la marge continentale étant le prolongement immergé de la masse terrestre ;

35. **Unité de** transport **:**

A) les conteneurs d'une capacité d'un mètre cube ou plus, y compris les carrosseries amovibles ;

B) les véhicules routiers, y compris les remorques et semi-remorques ;

C) les wagons de chemin de fer ;

D) les navires, bateaux et autres embarcations ;

E) les aéronefs ;

36. **Vérification des marchandises :** l'opération par laquelle la douane procède à l'examen physique des marchandises afin de s'assurer que leur nature, leur origine, leur état, leur quantité et leur valeur sont conformes aux données de la déclaration de marchandises ;

37. **Zone économique exclusive :** la zone située au-delà de la mer territoriale et adjacente à celle-ci, sur laquelle la République Démocratique du Congo a :

A. des droits souverains aux fins d'exploration et d'exploitation, de conservation et de gestion des ressources naturelles, biologiques ou non biologiques, des eaux subjacentes aux fonds marins, des fonds marins et de leur sous-sol ainsi qu'en ce qui concerne d'autres activités tendant à l'exploration et à l'exploitation de la zone à des fins économiques telles que la production de l'énergie à partir de l'eau, des courants et des vents ; et

B. la juridiction en ce qui concerne la mise en place et l'utilisation d'îles artificielles, d'installations et d'ouvrages, la recherche scientifique marine, la protection et la préservation du milieu marin.

38. **Commerce International :** ensemble des échanges des services, des biens et des capitaux entre pays. Synonyme : **Commerce Extérieur.**

➢ Source : Article 5 de l'Ordonnance-loi n° 10/002 du 20 Aout 2010 portant Code des Douanes.

SOURCES DES CITATIONS

-      Les métiers du transport et de la logistique : collection Parcours, Onisep parution 2010Les « plus » du Déclarant en Douane et Conseil.

-      Réussissez dans la Représentation, cours rationnel de représentation commerciale, 2eédition 1957 Centre d'Études Matgiang.

-      Louis-Gustave VEREECKE « CASUISTIQUE », EncyclopaediaUniversalis (en ligne), consulté le 17 septembre2015. URL. http//www.universalis.fr/encyclopedie/casuistique/

-      « Casuistique. » Microsoft® Encarta® 2009 [DVD]. Microsoft Corporation, 2008.

-      Ordonnance – loi N° 10/002 du 20 Août 2010 portant Code des douanes.

-      Arrêté Ministériel N° 016/CAB/MIN/FINANCES/2011 du 11 Avril 2011 portant mesures d'application de l'Ordonnance-loi N° 10/002 du 20 Aout 2010 portant Code des douanes.

-      www.studyrama.com/formation/fiches-métiers/transport-logistique/declarant-douane-1144

-      www.cv.com/fiches-metier/logistique-rome-43331/AGENT-DECLARANT-DOUANE.html

-      www.onisep.fr/ressources/univers-metier/metier/declarant-e-en-douane

-      https://fr.wikipedia.org/wiki/Casuistique.

-      http://www.glossaire-international.com/pages/tous-les-termes/declarant.html

-      http://www.educatel.fr/domaine/7-commerce-vente/formations/71-agent-technico-commercial

TABLE DES MATIÈRES

146

147